in italiano

Beiheft 2

für deutschsprachige Lerner

von
Linda Cusimano-Kunz
und
Daniela Pecchioli

3. 2. 1. | Die letzten Ziffern
1995 94 93 92 91 | bezeichnen Zahl und Jahr des Druckes.
Alle Drucke dieser Auflage können, da unverändert,
nebeneinander benutzt werden.

1. Auflage

Lektorat: Manfred Zimmer, München
Gesamtherstellung: GUERRA, Perugia
Printed in Italy
ISBN 3-19-015163-6

INHALT

VORWORT

Das vorliegende Beiheft soll dem deutschsprachigen Lerner die Arbeit mit dem Kurs **in italiano** erleichtern. Es ist auf seine Bedürfnisse und Schwierigkeiten zugeschnitten, geht konkret auf Unterschiede zwischen dem Italienischen und dem Deutschen ein und hilft somit auch, typische Fehler zu vermeiden.

Der **Wortschatz** ist jeweils in drei Gruppen unterteilt:

Der **A-Teil** enthält, in der Reihenfolge ihres Erscheinens, alle neuen Wörter des Einführungsdialogs.

Im **B-Teil** werden alle Wörter und Wendungen aufgeführt, die als neue Vokabeln im Übungsteil (comprendere, fissare le strutture, lavorare sul testo), in der **Grammatikdarstellung** (sintesi grammaticale) sowie in der **Spracherweiterungsphase** (occhio alla lingua, momento creativo) erscheinen.

Der **C-Teil** schließlich listet den gesamten Wortschatz des **landeskundlichen Anhangs** auf.

Die Angabe des Geschlechts erfolgt nur bei Substantiven, die auf -e enden und bei Ausnahmen. Da ein Wort oder ein Ausdruck in jeder Sprache mehrere Bedeutungen haben kann, haben wir uns jeweils auf die konkrete Bedeutung im Text beschränkt. Unregelmäßige Verben sind mit der 1. Pers. Sg. versehen.

Auf den Lektionswortschatz folgt eine **Darstellung der Grammatik**, die besonders auf Bedürfnisse und Probleme des deutschsprachigen Lerners eingeht. Sie ist immer in Verbindung mit dem Grammatikteil im Lehrbuch zu sehen.

Ein **alphabetisches**, italienisch-deutsches **Wörterverzeichnis** mit der Angabe des ersten Erscheinens des Wortes hilft bei der schnellen Bedeutungsfindung oder Wissenskontrolle.

Abgeschlossen wird das Beiheft durch die **Lösungen** zu den Übungen im Anhang des Lehrbuches.

unità 13

Un furto

UNITA' 13 - *UN FURTO*

WORTSCHATZ

parte a	**A-Teil**
pronomi accoppiati (i)	zusammengesetzte Pronomen
furto (il)	Diebstahl
marchesa (la)	ital. Adelstitel
confessare	gestehen
particolare (il)	Einzelheit
ladro (il)	Dieb
noto	bekannt
prigione (la)	Gefängnis
commissariato (il)	Polizeiinspektion
commissario (il)	Kommissar
bastare	reichen
rimettersi a	wieder anfangen
rimettersi al lavoro	sich wieder an die Arbeit machen
raccontare	erzählen
quello che	das was
villa (la)	Villa
complice (il, la)	Mittäter, Komplize
fuori!	raus!
cavare	herausbekommen, herauskriegen
convenire (ti conviene...)	besser sein (es wäre besser für dich...)
fornire	liefern, vermitteln
Sdentata (la)	(die) Zahnlose
pianta (la)	Plan
ricominciare	wieder anfangen
maggiordomo (il)	Hausdiener
combinazione (la)	Kombination, Geheimzahl, Geheimwort
cassaforte (la)	Tresor
non fare storie!	mach' keine Geschichten!
cameriera (la)	Zimmermädchen
personale	persönlich, privat
Lungo (il)	(der) Große
Smilzo (lo)	(der) Schlanke
Muto (il)	(der) Stumme
Tappo (il)	(der) Kleine
controllare	kontrollieren, überwachen
situazione (la)	Lage
spray soporifero (lo)	Betäubungsspray
muso (il)	Schnauze
spruzzare	sprühen

parte b	**B-Teil**
contessa (la)	Gräfin
principessa (la)	Prinzessin
collegio (il)	Internat
attrezzo (l')	Handwerkzeug
cameriere (il)	Diener
cuoco (il)	Koch
procurare	beschaffen
armadio (l')	Schrank
spray deodorante (lo)	Deospray
spray insetticida (lo)	Insektenspray
avvenire	geschehen
giro (il)	Kreis
malavita (la)	Unterwelt
direttore (il)	Leiter
redattore (il)	Redakteur
pubblicista (il, la)	Publizist, -in
impaginatore (il)	Metteur
montaggista (il, la)	Montierer
correttore di bozze (il)	Fahnenkorrektor
camera oscura (la)	Dunkelkammer
stampa (la)	Druck, Presse
distribuzione (la)	Vertrieb, Auslieferung
quotidiano (il)	Tageszeitung
consegnare	aushändigen, übergeben
motorino (il)	Mofa
mostrare	zeigen
piano di lavoro (il)	Arbeitsplan
caricare	aufladen, beladen
siccome	da, weil
alcuno	einige
barzelletta (la)	Witz
maglione (il)	Pullover
dipendere	abhängen
fiducia (la)	Vetrauen
ambiente (l'), m.	Umgebung
arrabbiato	wütend, böse
responsabile	verantwortlich

tranquillo	ruhig
contare	zählen
insomma	also
proverbio (il)	Sprichwort
Dio	Gott
cinese (il)	Chinese, chinesisch
distratto	zerstreut
indice (l'), m.	Zeigefinger
dito (il), pl. le dita	Finger
duomo (il)	Dom
sinfonia (la)	Symphonie
terremoto (il)	Erdbeben
scala (la)	hier: Skala
avvincere	fesseln, hinreißen, packen
pagina (la)	Seite
penultimo	vorletzte
masticare	kauen
gomma americana (la)	Kaugummi
per filo e per segno	ganz genau, ausführlich
comprensivo	verständnisvoll
probabile	wahrscheinlich
fedele	treu
sole (il)	Sonne
questura (la)	Polizeipräsidium
fare una denuncia	Anzeige erstatten
rubare	stehlen
smarrire	verlieren
affidarsi	sich anvertrauen
avvocato (l')	Rechtsanwalt
intanto	inzwischen
ambasciata (l')	Botschaft
consolato	Konsulat
commettere	begehen
pesare	lasten
sospetto (il)	Verdacht
interrogare	verhören
fare presente	erklären, hinweisen
accadere	geschehen
per lui saranno guai	für ihn wird es schimm ausgehen
guaio (il)	Unheil
disposto	bereit
collaborare	mitarbeiten
però	aber, jedoch
affermare	behaupten
convincere	überzeugen, überreden

gergo (il)	Jargon
resistenza (la)	Widerstand
tornare al fresco	hinter Gitter zurückkehren
tornare nel giro	ins Milieu zurückkommen
fare un colpo	einen Coup landen
colpo (il)	Schlag
fare un palo	Schmiere stehen
palo (il)	Pfahl, Stange
lavori forzati (i)	Zwangsarbeit
improvviso	plötzlich, unerwartet
sospetto	verdächtig
reazione (la)	Reaktion
interrogatorio (l')	Verhör
droga (la)	Rauschgift
ingiustizia (l')	Ungerechtigkeit
parte c	**C-Teil**
intendere	hier: verstehen
quotidiano	täglich
registrare	registrieren, vermerken, anführen
notizia (la)	Nachricht
settimanale	wöchentlich
quindicinale	vierzehntägig
mensile	monatlich
di carattere politico	politischer Art
economico	wirtschaftlich, Wirtschafts...
scientifico	wissenschaftlich
sportivo	sportlich
attualità (l')	Aktualität
femminile	weiblich, Frauen...
costume (il)	Brauch
titolazione (la)	Titelage
apertura (l')	Eröffnungstitel
occhiello (l')	Vortitel
sommario (il)	Inhaltsangabe
spalla (la)	Artikel in der rechten oberen Ecke der Titelseite
articolo di fondo (l')	Leitartikel
foto (la)	Foto
taglio alto, medio (il)	große, mittlere Schrift
notizia contornata (la)	eingerahmte Nachricht
corsivo	Kommentar
disposizione (la)	Gliederung
materia (la)	hier: Themen...
generalmente	im allgemeinen

seguente	folgend
immagine (l'), f.	Bild
testata (la)	Kopf, Titel
presentazione (la)	Vorstellung, Ankündigung
avvenimento (l')	Ereignis, Vorfall
chiarire (chiarisco)	klären, deuten
essere alla base	die Grundlage bilden
sindacale	gewerkschaftlich
politica interna (la)	Innenpolitik
interno	innen...
varietà (la)	Vielfalt
letterario	literarisch
caratteristica (la)	Eigenschaft, Merkmal
collaborazione (la)	Mitarbeit
illustre	bedeutend, berühmt
critico (il)	Kritiker
saggista (il, la)	Essayist
lettore (il)	Leser
cronaca (la)	Bericht
giudiziario	gerichtlich, Gerichts...
metereologico	metereologisch, wetterkundlich
necrologio (il)	Todesanzeige
rubrica (la)	Spalte, Teil
salute (la)	Gesundheit
bellezza (la)	Schönheit
finanziario	Finanz...
borsa (la)	Börse
mercato (il)	Markt
essere riservato	gewidmet sein
cronaca locale (la)	Lokalteil
locale	örtlich, Lokal...
relativo a	betreffend, bezugnehmend
luogo di scambio (il)	Ort des Austauschs
luogo (il)	Ort, Platz
scambio (lo)	Austausch
burocratico	bürokratisch
tecnico	technisch
organo ufficiale (l')	offizielles Organ, Parteiblatt
settimanale illustrato (il)	Illustrierte
divulgazione (la)	Verbreitung
spazio (lo)	Platz, Raum
accanto a	neben
TV di stato (la)	staatliches Fernsehen
imprecisato	unbestimmt
trasmittente (la)	Sender
privato	privat
commerciale	kommerziell
interrompere	unterbrechen
essere presente	vorhanden sein, sich befinden
in prevalenza	überwiegend
diversificato	verschiedenartig
rilevare	entnehmen, erheben
edizione (l')	Ausgabe
domenicale	Sonntags...
analogia (l')	Analogie, Entsprechung, Ähnlichkeit
inno (l')	Hymne
destarsi (poet.)	erwachen
elmo (l')	Helm
cingersi	hier: aufsetzen
porgere	reichen
chioma (la)	Haar, Mähne
schiava (la)	Sklavin
a corte	hier: zusammen
pronto	bereit

GRAMMATIK

I.

Stehen zwei **unbetonte Personalpronomen** vor einem Perfekt, das mit dem Hilfsverb *avere* gebildet wird, so muß die Endung des Partizips in Geschlecht und Zahl mit den Objektpronomen *lo, la, li, le* und *ne* übereinstimmen. Das "i" von *mi, ti, ci, vi* wird dabei zu "e".

- Mi hai comprato *le cartoline*?
  (Hast du mir die Ansichtskarten gekauft?)
- Sì, te *le* ho comprat**e.**
  (Ja, ich habe sie dir gekauft.)
- Ci avete spedito *i soldi*? (Habt ihr uns das Geld geschickt?)
- Sì, ve *li* abbiamo spedit**i**; ve *ne* abbiamo spedit**i** molti.
  (Ja, wir haben es euch geschickt; wir haben euch viel geschickt.)

II.

Nach allen *Präpositionen* werden die **betonten Personalpronomen** verwendet:

- Parli *di* **me**? (Sprichst du von mir?)
  No, non parlo *di* **te**, parlo *di* **lei**.
- (Nein, ich spreche nicht von dir, ich spreche von ihr.)

III.

Die **Ordnungszahlen** richten sich, wie die Adjektive auf -o, in Geschlecht und Zahl nach dem Wort, auf das sie sich beziehen:

E' la prim**a** *volta* che vengo in Italia.
(Es ist das erste Mal, daß ich nach Italien komme).

Sabato è il sest**o** *giorno* della settimana.
(Samstag ist der sechste Tag der Woche.)

Eine Übersicht über die Ordnungszahlen finden Sie in Ihrem Lehrbuch auf S. 286.

Bis 10. haben sie eigene Formen. Ab 11. werden sie durch Anhängen der Endung *-esimo* an die Grundzahl gebildet. Dabei fällt der letzte Vokal der Grundzahl weg:

11 undic*i* undic**esimo**
18 diciott*o* diciott**esimo**

Ausnahme: bei den mit *tre* und *sei* endenden Grundzahlen (23,46, etc.) bleibt der **Endvokal** erhalten:

23 ventritr*è* ventitr**eesimo**
quarantase*i* quarantase**iesimo**

IV.

Steht ein Kausalsatz **vor** dem Hauptsatz, ist anstelle von *perché* die Konjunktion *siccome* zu verwenden. In diesem Fall wird am Ende des Kausalsatzes ein Komma gesetzt.

Non posso andare alla festa di Carla **perché** non ho tempo.
(Ich kann nicht zu Carlas Fest gehen, denn ich habe keine Zeit.)

Siccome non ho tempo**,** non posso andare alla festa di Carla.
(Da ich keine Zeit habe, kann ich nicht zu Carlas Fest gehen.)

Der deutsche Ausdruck "es ist besser für mich/für ihn/für sie, etwas zu tun" wird im Italienischen auf folgende Weise wiedergeben:

Pronomen des indirekten Objekts + **3. Form Einzahl** des Verbs **convenire** + **Infinitivform ohne Präposition**:

Mi conviene partire oggi.
(Es ist besser, wenn ich heute abfahre.)

Gli conviene dire la verità.
(Es ist besser für ihn, wenn er die Wahrheit sagt.)

unità 14

Dal dentista

UNITA' 14 - *DAL DENTISTA*

WORTSCHATZ

parte a	**B-Teil**
infermiera (l')	Krankenschwester
sala d'aspetto (la)	Wartezimmer
sala (la)	Saal
paziente (il, la)	Patient, -in
attesa (l')	Warten
in attesa	wartend, im Wartestand
toccare a	dran sein, an der Reihe sein
passare	hinübergehen
saletta (la)	kleines Wartezimmer
mi raccomando!	ich bitte sie!
raccomandarsi	sich anvertrauen
fare male	weh tun
preoccuparsi	sich Sorgen machen, Angst haben
dottore (il)	Doktor
terribile	schrecklich
molare (il)	Backenzahn, Mahlzahn
carie (la)	Karies
radiografia (la)	Röntgenaufnahme
stanza accanto (la)	Nebenzimmer
c'è bisogno di	man braucht, man muß
temere	fürchten
tentare	versuchen
salvare	retten
trapano (il)	Bohrer
avere paura di	Angst haben vor
paura (la)	Angst
su, da brava!	seien Sie tapfer!
bravo	hier. tapfer
stare fermo	ruhig bleiben
muovere	bewegen
girare	drehen
medicare	behandeln
lasciare stare	sein lassen

parte b	**B-Teil**
ingresso (l')	Eingang
studio (lo)	Praxis, Arbeitszimmer
odontotecnico (l')	Zahntechniker
a causa di	wegen
incisivo (l')	Schneidezahn
canino (il)	Eckzahn
otturare	füllen, plombieren
spezzare	brechen
quanto a	was... betrifft
estrarre (estraggo)	herausziehen
sostituire (sostituisco)	ersetzen
seduta (la)	Sitzung
pulire (pulisco)	reinigen
pure (telefonino pure!)	doch (rufen Sie doch an!)
correre	schnell gehen, rennen
mettere in ordine	in Ordnung bringen
ordine (l'), m.	Ordnung
avvertire	Bescheid sagen, benachrichtigen
sentire	hier: probieren
pezzetto (il)	Stückchen, kleines Stück
ricordarsi	sich erinnern
dimenticarsi	vergessen
pasticcino (il)	Kleingebäck
fatto (il)	hier: Geschichte, Ereignis
fotocopiare	fotokopieren
direttrice (la)	Direktorin, Leiterin
dare una mano	helfen
oculista (l') m. e f.	Augenarzt, -in
controllo (il)	Kontrolle
controllo della vista (il)	Sehtest
vista (la)	Sehkraft
dolore (il)	Schmerz
attendere	warten
preghiera (la)	Bitte
fare caso a	aufpassen, bemerken
abituarsi a	sich gewöhnen
fiaba (la)	Märchen
segretario (il)	Sekretär
giocare	spielen
scherzare	scherzen
buttare	wegwerfen
pleonastico	Wiederholung sinngleicher Ausdrücke
stare attento a	aufpassen
attento	vorsichtig
occorrere	nötig sein, brauchen

farcela	schaffen
locuzione fissa (la)	feste Redewendung
periodo (il)	hier: Zeit
in questo periodo	hier: in letzter Zeit
partitivo	Teilungs...
proposta (la)	Vorschlag
subire le conseguenze	etwas büßen
conseguenza (la)	Folge
semplicemente	einfach
completamente	völlig, total
ubriaco	betrunken
ricco sfondato	steinreich
voler bene	lieb haben, lieben
importare	wichtig sein
non mi importa	es ist mir nicht wichtig
offendersi	beleidigt sein
aversene a male	etwas übelnehmen
arrabbiarsi	sich ärgern
volerne a qc.	jdm. böse sein
valere la pena	sich lohnen
pericolo (il)	Gefahr
ne va di ...	es geht / es handelt sich um ...
essere stufo	es satt haben
essere questione di...	eine Frage von... sein
visitare	untersuchen
fare una caduta	fallen
fratturarsi	sich etwas brechen
pronto soccorso (il)	Notaufnahme
febbre (la)	Fieber
influenza (l')	Grippe
riguardarsi	sich schonen
indispensabile	unerläßlich
essere il turno di qc.	an der Reihe sein
anestesia (l')	Betäubung
rilevare	feststellen
comunque	jedenfalls
curabile	heilbar
delicato	fein
futuro	zukünftig
otturazione (l'), f.	Füllung
recupero (il)	Wiederherstellung
assistenza medica	medizinische Versorgung
plastica (la)	Plastik
babbuino (il)	Pavian
tirare su	Mut machen, ermutigen

parte c	**C-Teil**
rappresentativo	repräsentativ, vertretend
popolare	Volks...
sensibile	sensibel
solidarietà (la)	Solidarität
collettivo	kollektiv
individualismo (l')	Individualismus
parlamentare	parlamentarisch
vasto	breit, weitläufig
governare	regieren, leiten, betreuen
azienda (l')	Betrieb, Unternehmen
centro (il)	Zentrum
esercitare	ausüben
controllabile	kontrollierbar
Magistratura (la)	Gerichtswesen, Richterstand
Corte Costituzionale (la)	Verfassungsgericht
pertanto	daher
definire	definieren, bestimmen
connotato (il)	Merkmal
assistenziale	auf Sozialdienste ausgerichtet
caduta (la)	Fall
regime (il)	Regime
fascista	faschistisch
neo-fascismo (il)	Neofaschismus
minoranza (la)	Minderheit
potere (il)	Macht
supporto (il)	Unterstützung
militare	militärisch
nazista	nazionalsozialistisch
essere caratterizzato da	charakterisiert sein durch
centralità (la)	zentrale Lage
antifascista	antifaschistisch
ricostruire	wiederaufbauen
in tutti i sensi	in jeglicher Beziehung
vuoto (il)	Leere
civile	zivil
istituzione (l'), f.	Institution
pluralità (la)	Pluralität
legge elettorale (la)	Wahlgesetz
elettorale	Wahl...
proporzionale (la)	Proportionalwahlsystem
puro	rein
assoluto	absolut
esclusione (l'), f.	Ausschluß

rifiutare	ablehnen
alleanza (l')	Allianz
occidentale	westlich
ricorrere	zurückgreifen
coalizione (la)	Koalition
centralista	der politischen Mitte
omogeneo	homogen
ora ... ora ...	mal ... mal ...
assai	sehr
instabile	unbeständig, wechselnd
talora	manchmal
conflittuale	konfliktträchtig
simbolo (il)	Symbol, Zeichen
protagonista	Haupt...
percentuale (la)	Prozentsatz
medio	durchschnittlich
approssimativo	annähernd, ungefähr
voto (il)	Stimme
esso	er, dieser (*betont. Pronomen*)
elezione (l'), f.	Wahl
elezioni politiche (le)	Parlamentswahl
elezioni amministrative (le)	Kommunalwahl
avere natura diversa	unterschiedlicher Art sein
anzi	sogar
antipartito (l')	Gegenpartei
evidente	klar, offensichtig
preminenza (la)	Vorrang, Überlegenheit
assieme	zusammen
consenso (il)	Konsens
per cui	daher
costituire	bilden
attorno	um, neben, bei
capace	fähig
coalizzare	koalieren
posizione (la)	Stellung
subalterno	untergeordnet
paritario	gleichgeordnet
presentarsi	sich darstellen, sich vorstellen
stabilmente	dauerhaft
bloccare	blockieren
clima (il)	Klima
autonomia (l')	Selbständigkeit
nazifascismo (il)	Nazifaschismus
essere alla guida	an der Führung sein

guida (la)	Führung
riportare	zurückführen
normalità (la)	Normalität
moderazione (la)	Maß
comizio (il)	Wahlveranstaltung
poiché	weil, da
riunirsi	sich versammeln
incontro (l')	hier: Zusammentreffen, Zusammenkunft
formare	bilden
organismo istituzionale (l')	instituionelle Einrichtung
rispetto (il)	Respekt
da parte di	seitens
organo (l')	Organ
elemento (l')	hier: Grundlage
orientamento (l')	Orientierung
relativo	entsprechend

GRAMMATIK

I.

Der **Imperativ** der **Höflichkeitsform** (*Lei, Loro*) wird bei den Verben der **1. Konjugation** (*-are*) durch Anhängen der Endsilben **-i** (*Lei*), **-ino** (*Loro*), bei den Verben der **2.** und **3. Konjugation** *-ere, -ire*) durch Anhängen der Endsilben **-a** (*Lei*), **-ano** (*Loro*) an den Stamm der 1. Person Singular des Indikativis Präsens gebildet:

INFINITIV	INDIKATIV PRÄSENS 1. Pers. Einz.	IMPERATIV
aspett-*are*	aspett-o	aspett-**i**! (Lei) (Warten Sie!) aspett-**ino**! (Loro) (Warten Sie!)
chied-*ere*	chied-o	chied-**a**! (Lei) (Fragen Sie!) chied-**ano**! (Loro) (Fragen Sie!)
usc-*ire*	esc-o	esc-**a**! (Lei) (Gehen Sie hinaus!) esc-**ano**! (Loro) (Gehen Sie hinaus!)

Signor Bianchi, chied**a** il conto, per favore!
(Herr Bianchi, verlangen Sie bitte die Rechnung!)

Parl**ino** ad alta voce, per favore!
(Sprechen Sie bitte laut!)

Bei **verneintem Imperativ** wird die Verneinung **non** vorangestellt:

Signora Capo, **non** part**a** domani!
(Frau Capo, fahren Sie morgen nicht ab!)

Tritt ein Imperativ der Höflichkeitsform in Verbindung mit *Personalpronomen* bzw. mit *ne* und *ci*, so stehen diese **davor**.

Non spedisca questa lettera oggi, **la**, spedisc**a**, domani!
(Senden Sie diesen Brief nicht heute, senden Sie ihn morgen!)

Mi mandi una cartolina, me **la** mandi appena arriverà!
(Schicken Sie mir eine Karte, schicken Sie sie mir, sobald Sie ankommen werden!)

Se è stanco, **si** riposi**!**
(Wenn Sie müde sind, ruhen Sie sich aus!)

II.

Eine Übersicht über die verschiedenen Funktionen von **ci** finden Sie auf S. 309 Ihres Lehrbuchs. Beachten Sie:

1. **Ci** ist *unbetontes Personalpronomen*:

Ci laviamo con acqua fredda.
(Wir waschen *uns* mit kaltem Wasser.)

Ci può indicare la strada?
(Konnen Sie *uns* den Weg zeigen?)

Maria **ci** aiuta sempre. (Maria hilft *uns* immer.)

2. Als unbetontes Pronomen ersetzt es *Ergänzungen mit a*, die sich auf Sachen bzw. Sätze beziehen:

- Hai pensato *a quello che ti ho detto*?
  (Hast Du über das nachgedacht, was ich dir gesagt habe?)
- Sì, **ci** ho pensato (Ja, ich habe daran gedacht.)

3. Als *Ortsbezeichnung* ersetzt es eine im vorausgehenden Staz schon erwähnte Ortsangabe:

- Andrai *a Venezia*? (Wirst du nach Venedig fahren?)
- Sì, **ci** andrò. (Ja, ich werde **dort** hinfahren.)

4. Als Pronomen ersetzt es *Ergänzungen mit con*, die sich auf Personen oder Sachen beziehen:

Posso giocare *con il tuo cane*? (Darf ich mit deinem Hund spielen?)
No, è meglio che non **ci** giochi, è pericoloso.
(Nein, es ist besser, wenn du nicht mit ihm spielst, er ist gefährlich.)

6. Es wird *pleonastisch** gebraucht (im Deutschen nicht übersetzbar!):

Da qui non **ci** vedo bene. (Von hier aus sehe ich nicht gut.).

*pleonastisch = durch Häufung/Verdoppelung sinngleicher Ausdrücke

7. Es wird in *feststehenden Ausdrücken* gebraucht:

- Quanto tempo occorre per riparare la macchina?
(Wie lange braucht man, um das Auto zu reparieren?)
- **Ci** vorranno due giorni. (Es wird zwei Tage dauern.)

III.

Auch **ne** hat verschiedene Funktionen. Eine Übersicht finden Sie in Ihrem Buch auf S.310. Beachten Sie:

1. Es drückt eine *Teilmenge* (davon) aus:

Quanti libri hai letto? (Wie viele Bücher hast du gelesen?)
Ne ho letti tanti? (Ich habe viele gelesen).

2. Als unbetontes Pronomen ersetzt es *Ergänzungen mit di* (*di lui* / *di lei* / *di loro* / *di esso* / *di ciò* / *di questa* / *di quella cosa*):

- Parlerai allo zio *della mia proposta*?
  (Wirst du mit dem Onkel über meinen Vorschlag sprechen?)
- Sì, glie**ne** parlerò. (Ja, ich werde mit ihm darüber sprechen.)

3. Als unbetontes Pronomen ersetzt es *Ergänzungen mit da* (*da questo* / *quel luogo* / *da lui* / *da lei*):

- E' tornato *dall'Italia*?
(Ist er von Italien zurückgekommen?)
- Sì, **ne** è ritornato proprio ieri.
(Ja, er ist gerade gestern zurückgekommen.)

4. Es wird *pleonastisch* gebraucht (im Deutschen nicht übersetzbar!):

- Quando te **ne** vai? (Wann gehst du weg?)
- Me **ne** vado domani. (Ich gehe morgen weg.)

5. Es wird in *feststehenden Ausdrücken* gebraucht:

- Sei stanco di fare questo lavoro?
(Hast du genug von dieser Arbeit?)
- Sì, *non ne posso più*. (Ja, ich kann nicht mehr).

IV.

Raccomandarsi hat die Funktion einer **dringenden Aufforderung** für den Gesprächspartner:

Mi raccomando, non si dimentichi di spedire la lettera!
(Ich bitte Sie sehr, vergessen Sie nicht, den Brief wegzuschicken!)

Esserci bisogno di setzt eine **Tatsache** als **notwendig** fest:

C'è bisogno di un medico. (Man braucht einen Arzt.)

Non **c'era bisogno di** fare una radiografia.
(Es war nicht notwendig, eine Röntgenaufnahme zu machen.)

V.

Im Wörterverzeichnis wurden die Namen der politischen Parteien nicht ins Deutsche übersetzt, da dies zu falschen Aussagen über deren politische Ausrichtung führen würde.
Lassen Sie sich von Ihrem Lehrer oder einem/r Italiener/in die Ziele der einzelnen Parteien erklären.

unità 15

Ferragosto

UNITA' 15 - *FERRAGOSTO*

WORTSCHATZ

parte a	**A-Teil**
ferragosto (il)	15. August
mettersi in viaggio	sich auf die Reise machen
dirigersi	zusteuern, sich wenden
verso	in Richtung
preparativo (il)	Vorbereitung
sedia a sdraio (la)	Liegestuhl
tavolo da campeggio (il)	Campingtisch
campeggio (il)	Camping
cestino (il)	Korb
ombrellone (l'), m.	Sonnenschirm
innervosirsi	nervös werden
racchetta da tennis (la)	Tennisschläger
sportello (lo)	Tür (*im Auto, Zug etc.*)
allacciare	anschnallen
cintura (la)	Gurt, Gürtel
veloce	schnell
rallentare	langsamer fahren
sorpassare	überholen
mettere la freccia	blinken
freccia (la)	hier: Blinker
suonare	hupen
centro abitato (il)	Wohnort, Wohngebiet
superare	hier: hinter sich lassen, verlassen
svelto	schnell
sbrigarsi	schnell machen, sich beeilen

parte b	**B-Teil**
palla (la)	Ball
scarpa	Schuh
autotreno (l')	Lastzug
vicino a	in der Nähe von, nah an
proseguire	fortsetzen, fortführen
tenere	behalten
bagnino (il)	Bademeister
zitto	still
stare zitto	schweigen, still sein
tuffo (il)	Sprung (*ins Wasser*)
giuoco (il)	Spiel
pallanuoto (la)	Wasserball
negoziante (il)	Geschäftsmann
articoli da spiaggia (gli)	Strandbedarf
cliente (il, la)	Kunde, -in
buca (la)	Loch, Schlagloch
calzoncini (i)	kurze Hose
sabbia (la)	Sand
nuotare	schwimmen
reggersi a galla	sich über Wasser halten
calmo	ruhig
mosso	bewegt
fare il bagno	baden
tollerare	dulden
segnalare	hinweisen
mettere in guardia	warnen
fare del proprio meglio	sein Bestes tun
raccomandazione (la)	Aufforderung
ciclista (il, la)	Radfahrer, -in
curva (la)	Kurve
sorpasso (il)	Überholmanöver, Überholvorgang
dare ascolto	Gehör schenken, auf jmd. hören
castello (il)	Burg, Schloß
castello di sabbia (il)	Sandburg
ritenere (io ritengo)	meinen, denken
solitamente	gewöhnlich
risolversi	hier: sich entpuppen

parte c	**C-Teil**
folclore (il)	Folklore
nel corso dell'anno	im Laufe des Jahres
attività lavorativa (l')	Arbeitstätigkeit
lavorativo	Arbeits...
arrestarsi	zum Stillstand kommen
pausa (la)	Pause
celebrazione (la)	Feier, Feierlichkeit
rievocazione (la)	Erinnerung, Gedenk...
svilupparsi	sich entwickeln

manifestazione (la)	Veranstaltung
profano	weltlich
sfilata (la)	Umzug, Parade
costume storico (il)	historisches Kostüm
giostra (la)	hier: Turnier
competizione (la)	Wettkampf
cittadino	städtisch
rione (il)	Stadtviertel
gruppo folcloristico (il)	Folkloregruppe
mascherato	maskiert, Masken...
ballo	Ball
ballo in costume (il)	Kostümball, Maskenball
sfrenato	zügellos
impeto (l')	Drang
orgoglioso	stolz
esibizione (l'), f.	Darstellung
divertire	unterhalten
breve	kurz
selezione (la)	Auswahl
incompleto	unvollständig
parziale	Teil...
episodio (l')	hier: Ereignis
del genere	von dieser Art
comune (il)	Gemeinde
provincia (la)	Provinz
drappo (il)	Tuch
precisare	beteuern, (genau) angeben
risalire	zurückzuführen sein
documento (il)	Urkunde
fantino (il)	Rennreiter
all'ultimo respiro	bis zum letzten Atemzug
imprecazione (l'), f.	Fluch
donzella (la)	Mädchen, Jungfrau
abito trecentesco (l')	Gewandt aus dem 14. Jahrhundert
contrada (la)	Stadtteil
conchiglia (la)	Muschel
convergere	einmünden
ben 11 strade	nicht weniger als 11 Straßen
contendersi	streiten, wetteifern
partecipazione (la)	Teilnahme
lanciato	in voller Fahrt
all'impazzata	wie verrückt
percorso (il)	Weg
corale	einhellig

appassionato	leidenschaftlich
celebrare	feiern
all'aperto	im Freien
a capotavola	auf dem Ehrenplatz, am Tischende
posto d'onore (il)	Ehrenplatz
vincitore (il)	Gewinner
saracino (il)	Sarazener
sapore (il)	Geschmack, Art und Weise
di sapore medio-vale	mittelalterlicher Ausprägung
partecipare	teilnehmen
cavaliere (il)	Ritter
armato	bewaffnet
lancia (la)	Speer, Lanze
colpire	hier: treffen
scudo (lo)	Schild
fantoccio (il)	Puppe
mobile	beweglich
alzata (l')	Emporheben
cero (il)	Kerze
effettuare	machen
giro (il)	Drehung, Umdrehung
denominazione (la)	Bezeichnung
birata (la), pop.	Umdrehung der Kerzen (*nur in Gubbio*)
salita (la)	Aufstieg
proibitivo	hier: fast unmöglich
svolgersi	stattfinden
passionale	leidenschaftlich
esaltazione (l'), f.	Erregung, Aufregung, Schwärmen
fanatismo (il)	Fanatismus, Begeisterung
regata	Regatta
scenario (lo)	hier: Landschaft
sublime	herrlich
vestito a festa	feierlich geschmückt
Repubblica Marinara (la)	Seerepublik
gareggiare	wettkämpfen
laguna (la)	Lagune
carnevale (il)	Karneval
riscoprire	wiederentdecken
attivare	aktivieren
iniziativa (l')	Initiative
divertimento (il)	Vergnügen, Unterhaltung
profitto (il)	Gewinn
Piemonte (il)	Piemont
vicenda (la)	Ereignis

rivolta (la)	Aufstand
tiranno (il)	Tyrann
offerta (l')	Angebot
piemontese	aus dem Piemont
Lombardia (la)	Lombardei
località (la)	Ortschaft
mercoledì delle ceneri (il)	Aschermittwoch
cenere (la)	Asche
spaghettata (la)	Spaghetti-Essen
carro allegorico (il)	allegorischer Festwagen
costume tradizionale (il)	Tracht
Veneto (il)	Venetien
essere previsto	vorgesehen sein
concludersi	enden, abschließen
di ispirazione ...	sich auf ... beziehend
Lazio (il)	Latium
richiamare	hier: erwecken
curiosità (la)	Neugierde
Emilia (l')	Emilia
re della briscola	*König aus dem Kartenspiel "Briscola"*
danza (la)	Tanz
recitazione (la)	Vorstellung
Toscana (la)	Toskana
tenersi	stattfinden
singolare	besonders
Lucania (la)	Lukanien
sopravvivere	überleben
rito (il)	Ritus, Brauch
travestito	verkleidet
bussare	klopfen
sagra (la)	Fest auf dem Land, bäuerliches Fest
castagna (la)	Eßkastanie
offerta (l')	Spende
cittadina (la)	Städtchen
fasto (il)	Prunk
partita di scacchi (la)	Schachpartie
vivente	lebendig
avere luogo	stattfinden
pari	gerade, gleich
dimensione (la)	Größe
cima (la)	Gipfel
toccare	hier: erreichen
fuochi artificiali (i)	Feuerwerk
tale	solche
stimolo (lo)	Anreiz, Ansporn
motivazione (la)	Motivation
assistere	beiwohnen

GRAMMATIK

I.

Der **Imperativ** der **2. Person Singular** (*tu*) bei den Verben der **1. Konjugation** (*-are*) wird durch *Wegfallen* der Endsilbe **-re** der Infinitivform gebildet:

INFINITIV	IMPERATIV
aspett-a-re	aspett-**a**! (tu) (Warte!)
parl-a-re	parl-**a**! (tu) (Sprich!)

Bei den Verben der **2.** und **3. Konjugation** (*-ere, -ire*) entspricht er der Form der **2. Person Singular** des **Indikativs Präsens**:

INDIKATIV PRÄSENS	IMPERATIV
(tu) scriv*i*	scriv**i!** (tu) (Schreib!)
(tu) finisc*i*	finisc**i!** (tu) (Hör auf!)

Die **Imperativformen** der **1.** und **2. Person Plural** (*noi, voi*) entsprechen den Formen des **Indikativ Präsens:**

Partiamo domani! (Laß uns morgen abfahren!)
Scrivete presto! (Schreibt bald!)
Non **parlate** tutti insieme! (Sprecht nicht alle zusammen!)

Beachten Sie:
Der **verneinte Imperativ** der **2. Person Singular** (Du-Form) wird durch **non + Infinitiv** gebildet, die übrigen Formen verhalten sich ganz regelmäßig:

Non parlare così forte! (Sprich nicht so laut!)

Die **2. Person Plural** des **Imperativs** (*voi*) ersetzt auch die der 3. Person Plural (*Loro* = Höflichkeitsform in der Mehrzahl), die sonst - vor allem in der gesprochenen Sprache - sehr formell klingen würde:

Prego, **fumate** pure! (Bitte raucht / rauchen Sie nur!)
Per favore, **scrivete** oggi stesso! (Bitte schreibt/schreiben Sie heute noch!)

Beim Imperativ der 2. Person Singular (*tu*) und der 1. und 2. Person Plural (*noi, voi*) werden die **unbetonten Personalpronomen** sowie **ne** und **ci** an die Formen des Imperativs angehängt:

Se sei stanco, **accomodati** e **riposati**!
(Wenn du müde bist, setz dich und ruhe dich aus!)

Se volete andare al centro, **andateci pure**!
(Wenn Ihr/Sie in die Stadt gehen wollt/wollen, geht/gehen Sie nur hin!)

Einige Verben haben unregelmäßige Imperativformen. Lediglich die 1. Person Plural (*noi*) ist immer regelmäßig. Auf S.331 Ihres Lehrbuches finden Sie eine Übersicht über den Imperativ der unregelmäßigen Verben.

Beachten Sie folgende Verben:
fare und **andare** bilden den Imperativ der Höflichkeitsform (*Lei* / *Loro*) nicht auf *-i*, sondern auf **-a**:

Signora, **faccia** presto, mi raccomando!
(Beeilen Sie sich, meine Dame, ich bitte Sie!)

Vadano subito dal dottore!
(Gehen Sie sofort zum Arzt!)

Stare und **dare** haben in der Höflichkeitsform eigene, untereinander ähnliche Formen:

dare	**dia** (Lei)	**diano!** (Loro)
stare	**stia** (Lei)	**stiano!** (Loro)

Auch **avere** und **essere** haben eigene, untereinander ähnliche Formen, nicht nur in der Höflichkeitsform, sondern auch in der 2. Person Plural (*voi*):

avere	**abbia**! (Lei)	**abbiano**! (Loro)	**abbiate**! (voi)
essere	**sia**! (Lei)	**siano**! (Loro)	**siate**! (voi)

Die 2. Person Singular (*tu*) der Verben *andare, dare, stare, fare, dire* ist einsilbig:

andare	**va**!
dare	**dà**!
stare	**sta**!
fare	**fa**!
dire	**di'**!

Neben diesen Formen gibt es noch andere, die vielleicht etwas veraltet sind, jedoch in der Sprache weiterhin verwendet werden (siehe Buch S. 333, jeweils in Klammern hinter der Normalform.)

Beachten Sie:
Beim Anhängen der *unbetonten Personalpronomen* bzw. *ne* und *ci* an die *einsilbigen Imperativformen* **verdoppelt** sich der **Anfangskonsonant** des jeweiligen Pronomens:

Dammi quel libro, **dammelo** subito, per favore!
(Gib mir dieses Buch da, bitte gib es mir sofort!)

Se vedi Maria, **dille** la verità!
(Wenn du Maria siehst, sag ihr die Wahrheit!)

Bei *gli* gibt keine Verdoppelung:

Dagli i soldi per il tram, per favore!
(Bitte gib ihm das Geld für die Straßenbahn!)

Beachten Sie:
Folgt nach *andare* und *stare* ein *Infinitiv mit Präposition*, so können die Personalpronomen sowohl an den *Imperativ* als auch an den *Infinitiv* angehängt werden:

Stammi a sentire! (Hör mir bitte zu!)	oder	Sta a **sentirmi**!
Vaglielo a dire! (Geh hin und sag es ihm!)	oder	Va a **dirglielo**!

II.

Achten Sie bitte auf die Konjugation im Indikativ Präsens von **andarsene** = *andare via* (weggehen):

(io)	me ne vado
(tu)	te ne vai
(lui/lei)	se ne va
(noi)	ce ne andiamo
(voi)	ve ne andate
(loro)	se ne vanno

Andarsene verhält sich wie ein **rückbezügliches Verb**; daher muß in einer zusammengesetzten Zeit das Partizip Perfekt in Geschlecht und Zahl mit dem Subjekt übereinstimmen:

Ieri **me ne sono andata** presto perché ero stanca.
(Gestern bin ich früh weggegangen, denn ich war müde.)

Gli ospiti **se ne sono andati** a mezzanotte.
(Die Gäste sind um Mitternacht weggegangen.)

Angehängt werden **te ne**, **ce ne** und **ve ne** nur beim *Imperativ* der 2. Person Singular (*tu*) und der 1. und 2. Person Plural (*noi, voi*):

Vattene! (Geh weg!)
Non **andartene**! (Geh nicht weg!)
Andiamocene! (Laßt uns weggehen!)

unità 16

Un acquisto

UNITA' 16 - *UN ACQUISTO*

WORTSCHATZ

parte a	**A-Teil**
pronome relativo (il)	Relativpronomen
acquisto (l')	Kauf, Einkauf
calzature (le)	Schuhwaren
adatto	passend
commesso (il)	Verkäufer
avere un'idea	eine Vorstellung haben
tipo	in der Art von, in etwa wie
mocassino (il)	Mokassin
vetrina (la)	Schaufenster
numero (il)	hier: Schuhgröße
pianta (la)	Fußsohle
corto	kurz
in ogni caso	jedenfalls
prima	vorher
non comune	außergewöhnlich
andare bene	gut passen
mettere	anziehen, einschlüpfen
camminare	gehen
stancarsi	müde werden
fa per Lei	er paßt gut zu Ihnen
fare per ...	gut passen zu ...
sembrare	scheinen
elegante	elegant
acquistare	kaufen
robusto	fest, solid
essere convinto	überzeugt sein
caro	teuer
scambiare qualche parola	ein paar Worte wechseln
morbido	weich

parte b	**B-Teil**
stivaletto (lo)	Halbstiefel
sandalo (il)	Sandale
eccezionale	außergewöhnlich
saltare	springen
ballare	tanzen
economico	preiswert
essere sfortunato	Pech haben
abbigliamento (l')	Kleidung
saldi (i)	Schlußverkauf
assaggiare	probieren, kosten
in alto	oben
a sinistra	links
cassiera (la)	Kassiererin
discutere	sprechen, diskutieren
apparecchio (l')	Apparat
boutique (la)	Boutique
bambola (la)	Puppe
fare a meno di	entbehren
regola (la)	Regel
attuale	aktuell
complesso	komplex
manichino (il)	Schaufensterpuppe
dipendere	hier: beschäftigt sein
passeggero (il)	Passagier
apprendere	erfahren
piano (il)	Stockwerk
posare	legen
guanto (il)	Handschuh
terreno (il)	Grundstück
collina (la)	Hügel
alzare	erheben
assegno (l')	Scheck
macellaio (il)	Metzger
macelleria (la)	Metzgerei
inesatto	unrichtig
per niente	überhaupt nicht
sorprendere	überraschen
di certo	gewiß
alimentari (gli)	Lebensmittel
nascere	geboren werden
costare un occhio della testa	ein Vermögen kosten
bici (la)	Fahrrad
attualmente	momentan, augenblicklich
sbagliare	(sich) irren
tacere	schweigen
acconsentire	zustimmen
ritardo (il)	Verspätung, Verzögerung
arrivare in ritardo	zu spät kommen, sich verspäten
fidarsi di	sich verlassen auf
sbagliare di grosso	sich gewaltig irren
fare caso a	achten auf, Bedeutung zumessen

riflettere	überlegen
doppi servizi (i)	zwei Badezimmer / Bad und Toilette
cantina (la)	Keller
dare retta	zuhören, Gehör schenken
ubbidiente	gehorsam
macché!	aber was! im Gegenteil!
pantaloni (i)	Hose
accorciare	kürzen
cartellino (il)	Schild, Preisschild
preferenza (la)	Vorzug, Vorliebe
accordo (l')	Einverständnis
essere d'accordo	einverstanden sein
disaccordo (il)	Uneinigkeit
non è un'impresa facile	es ist keine leichte Angelegenheit
magazzino (il)	Lager
passo (il)	Schritt
soddisfatto	zufrieden
eccessivo	übertrieben
eleganza (l')	Eleganz
robustezza (la)	Festigkeit
elemento (l')	hier: Tatsache
giustificare	rechtfertigen
senza	ohne
senza battere ciglio	ohne mit der Wimper zu zucken
requisito (il)	hier: Eigenschaft
nonché	wie auch
apprezzare	schätzen
conferma (la)	Bestätigung

parte c	**C-Teil**
figura (la)	Figur
sottile	dünn
innalzarsi	sich erheben
leggero	leicht
lieve	leicht, sanft
tacco (il)	Absatz
punto di vista (il)	Taille
definitivamente	endgültig
spalla (la)	Schulter
décolleté (il)	Dekolleté
femminilità (la)	Weiblichkeit
sottolineare	unterstreichen, hervorheben, betonen
fantasia (la)	Phantasie
dinamico	dynamisch
dimostrare	zeigen
personalità (la)	hier: Charakter
sicurezza di sé (la)	Selbstsicherheit
estro (l')	Inspiration, Einfall, Kunst
fenomeno (il)	Erscheinung
atteggiamento (l')	Verhalten
psicologico	psychologisch
individuo (l')	Individuum
ruotare	kreisen
innumerevole	unzählig, zahllos
pubblicare	veröffentlichen
coinvolgere	verwickeln, hineinziehen
istituire (istituisco)	einrichten
conquistare	erobern
di tale portata	von solcher Bedeutung
punto di riferimento (il)	Bezugspunkt
operare	tätig sein
produzione (la)	Produktion
tessuto (il)	Stoff
designer (il)	Designer
ciclo delle lezioni (il)	Vorlesungsreihe
maestro (il)	Meister
prêt-à-porter (il)	Serienproduktion
ceramica (la)	Keramik
disegnare	zeichnen, entwerfen
firmare	unterzeichnen
stilista (lo, la)	Stilist, -in
lavorazione (la)	Verarbeitung
vetro (il)	Glas
maiolica (la)	Majolika
marmo (il)	Marmor
e così via	und so weiter
a proposito	a propos
affascinante	verführerisch
metallo (il)	Metall
giallo	gelb
spendere qualche parola	einige Worte verlieren
produttore (il)	Produzent, Hersteller
mondiale	Welt...
tonnellata (la)	Tonne
utilizzare	gebrauchen
oreficeria (l')	Goldverarbeitung
normalmente	normalerweise
trasformare	umwandeln
parure (la)	Garnitur, Satz

brillante (il)	Brilliant
notturno	in der Nacht, nächtlich
sfilata di moda (la)	Modenschau
cucire	nähen
dietro le quinte	hinter den Kulissen
bigiotteria (la)	Schmuckwaren
gioiello (il)	Juwel
applicare	anwenden
oggetto di uso quotidiano (l')	Gegenstand des täglichen Gebrauchs
piatto (il)	Teller
posata (la)	Besteck
lume (il)	Lampe
soggiorno (il)	Wohnzimmer
progettista (il, la)	Planer, -in
architetto (l')	Architekt
personalizzato	für eine bestimmte Person entworfen
esteticamente	ästhetisch gesehen
apprezzabile	schätzenswert, wertvoll
trovata (la)	Einfall
fondersi	verschmelzen
realizzazione (la)	Verwirklichung
concernere	betreffen
liberamente	frei
profumare	riechen
legno (il)	Holz
fatto a mano	handgemacht
ispirare	hier: beeinflussen
civiltà artigiana (la)	Handwerk, Handwerkstradition
proiettare	projektieren
funzionalità (la)	Zweckmäßigkeit, Zweckdienlichkeit
sala da pranzo (la)	Eßzimmer
camera dei bambini (la)	Kinderzimmer
arredatore (l')	Innenarchitekt
rendere	machen
a misura d'uomo	auf menschliche Maße
godibile	genießbar
studio (lo)	hier: Entwurf
progettazione (la)	Planung
taglio (il)	Schnitt
realizzazione (la)	Fertigung
finalità (la)	Zweck
attivo	aktiv
di primo piano	von Rang
originalità (l')	Originalität
praticità (la)	Bequemlichkeit
pellame (il)	Lederware

GRAMMATIK

I.

Das **Relativpronomen** *che* steht für *Personen* und *Sachen* und wird als Subjekt und direktes Objekt (ohne Präposition) gebraucht:

Non conosco i signori **che** abitano vicino a te.
(Ich kenne die Leute nicht, die neben dir wohnen.)

Le scarpe **che** ho comprato ieri costano un occhio della testa.
(Die Schuhe, die ich gestern gekauft habe, kosten ungemein viel.)

II.

Das **Relativpronomen** *cui* wird nach *Präpositionen* gebraucht. Es ist unveränderlich und steht für Personen und Sachen.

La cosa **di cui** stai parlando non mi interessa.
(Das, wovon du sprichst, interessiert mich nicht.)

Ecco gli amici **da cui** ho cenato ieri.
(Das sind die Freunde, bei denen ich gestern zu Abend gegessen habe.)

III.

Das **Relativpronomen** *il quale* kann sowohl *che* als auch *cui* ersetzen. Es ist jedoch veränderlich:

il quale = Maskulinum/Sing.	i quali = Maskulinum/Plural
la quale = Femininum/Sing.	le quali = Femininum/Plural

Il quale kann *che* nur in Funktion des Subjekts ersetzen; wenn es *cui* ersetzt, verbindet sich der bestimmte Artikel mit der jeweiligen Präposition (sofern es Verschmelzungen gibt):

Accanto a me era seduta *una signora che* leggeva un giornale.
(Neben mir saß eine Dame, die eine Zeitung las.)

Accanto a me era seduta *una signora* **la quale** leggeva un giornale.

Portami *i documenti che* sono sul tavolo dello studio, per favore.
(Bring mir bitte die Unterlagen, die auf dem Tisch im Arbeitszimmer sind.)

Portami *i documenti* **i quali** sono sul tavolo dello studio, per favore.

La città *in cui* mi trovo è piccola.
(Die Stadt, in der ich bin, ist klein).

La città **nella quale** mi trovo, è piccola.

Ti dirò subito i motivi *per cui* sono venuto.
(Ich werde dir sofort die Gründe erklären, warum ich gekommen bin).

Ti dirò subito i motivi **per i quali** sono venuto. (*hier keine Verschmelzung.*)

Wegen ihrer Kürze werden in der gesprochenen Sprache **che** und **cui** vorgezogen.

Anders als im Deutschen steht vor *che* und *cui* nicht immer ein Komma. Ist der Relativsatz eine nähere Erklärung zum Hauptsatz, dann wird er *nicht* durch Komma abgetrennt:

Ecco la città in cui sono nata.
(Das ist die Stadt, in der ich geboren wurde.)

Hat der Relativsatz inhaltlich mit dem Hauptsatz keine direkte Verbindung, dann steht er zwischen Kommas:

La mia vicina di casa, che ogni tanto incontro sulle scale, è partita per gli Stati Uniti.
(Meine Nachbarin, die ich hin und wieder im Treppenhaus treffe, ist in die Vereinigten Staaten gefahren.)

IV.

Wenn vor *cui* der *bestimmte Artikel* steht, hat es die Bedeutung von *dessen/deren. Il cui/la cui/i cui/le cui stehen vor dem Besitzgegenstand.* Der Artikel stimmt in Geschlecht und Zahl mit dem Besitzgegenstand überein:

Il signore, **il cui** *figlio* studia in America, è mio zio.
(Der Herr, dessen Sohn in Amerika studiert, ist mein Onkel.)

La signora, **i cui** *parenti* abitano vicino a me, è gravemente malata.
(Die Dame, deren Verwandte neben mir wohnen, ist schwer krank).

Man kann diese Beispiele auch so ausdrücken:

Il signore, *il figlio del quale* studia in America, è mio zio.
La signora, *i parenti della quale* abitano vicino a me, è gravemente malata.

Wie man sieht, stehen *del quale / della quale / dei quali / delle quali* hinter dem Besitzgegenstand. Der bestimmte Artikel stimmt in Geschlecht und Zahl mit dem Besitzer überein.

V.

Das **Relativpronomen** *chi* bezieht sich auf *Personen*. Es ist immer *Singurlar* und *unveränderlich*.

Chi dice questo sbaglia.
(Wer das sagt, irrt sich.)

Chi arriverà in ritardo, non troverà più niente.
(Wer spät kommt, wird nichts mehr finden.)

Die deutschen Formen *derjenige, der / desjenigen, der / demjenigen, der* werden auch durch **chi + vorausgehender Präposition** wiedergeben:

E' difficile vivere **con chi** ha un brutto carattere.
(Es ist schwierig, mit demjenigen zu leben, der einen schlechten Charakter hat.)

Außer *chi* gibt es noch andere Formen, die diesem entsprechen: *colui che / colei che / coloro che / le persone che*, sie sind jedoch in Geschlecht und Zahl *veränderlich*.

Vergleichen Sie:

Colui che dice questo sbaglia.
Chi dice questo sbaglia.
(Wer das sagt, irrt sich.)

Coloro che fanno l'esame, devono iscriversi.
Chi fa l'esame, deve iscriversi.
(Wer die Prüfung macht, muß sich einschreiben.)

VI.

Das **Relativpronomen** *was* ist auf italienisch *ciò che / quello che / quanto*.

Non capisco **ciò che** racconti.
(Ich verstehe nicht, was du erzählst).

Faccio **quello che** ha detto.
(Ich tue, was er gesagt hat.)

Ti ringrazio per **quanto** hai fatto per me.
(Ich danke dir für das, was du für mich getan hast.)

Beachten Sie:

Non capisco *ciò che* hai detto.
(Ich verstehe nicht, was du gesagt hast.)

Che cosa hai detto, scusa?
(Was hast du gesagt, bitte?)

Che cosa? wird immer als *Frage* gebraucht.

Ciò che, quello che steht nur in einem *Relativsatz*.

unità 17

Il cucciolo

UNITA' 17 - *IL CUCCIOLO*

WORTSCHATZ

parte a	**A-Teil**
congiuntivo	Konjunktiv
cucciolo (il)	Welpe, Tierjunge
merenda (la)	Brotzeit
erba (l')	Gras
bosco (il)	Wald
animale (l'), m.	Tier
gatto (il)	Katze
aguzzo	spitz
coda (la)	Schwanz
lupacchiotto (il)	kleiner Wolf, Wolfsjunge
zampa (la)	Pfote
papà (il)	Vati
volpacchiotto (il)	kleiner Fuchs, Fuchsjunge
strano	seltsam
lamentarsi	klagen
piangere	weinen
allontanarsi	sich entfernen
tana (la)	Loch, Höhle, Versteck
può darsi	vielleicht, es kann sein
cacciatore (il)	Jäger
uccidere	töten
catturare	fangen
figlio (il)	hier: Junge, Tierjunge
avere cura	sich kümmern
cura (la)	Pflege, Sorge
calma!	Ruhe!
comprendere	verstehen
bisogna che	es ist nötig, daß
zoo (lo)	Tiergarten

parte b	**B-Teil**
fungo (il)	Pilz
nido (il)	Nest
volpe (la)	Fuchs
orsacchiotto (l')	kleiner Bär
abbandonare	verlassen
rovinare	beschädigen
crescere	wachsen
clinica (la)	Klinik
guardiacaccia (il)	Jagdaufseher
pesciolino (il)	kleiner Fisch
uccellino (l')	Vögelchen
gabbia (la)	Käfig
animale da cortile (l'), m.	Haustier
cortile (il)	Hof
gallina (la)	Henne
oca (l')	Gans
gallo (il)	Hahn
piccione (il)	Taube
tacchino (il)	Truthahn
anatra (l')	Ente
supporre (suppongo)	annehmen, vermuten
preoccupazione (la)	Sorge
lepre (la)	Hase
fagiano (il)	Fasan
serpe (la)	Schlange
cinghiale (il)	Wildschwein
completare	abschließen, vervollständigen
peccato!	schade!
lasciare	hier: abbrechen, verlassen
vergogna (la)	Schande
malanno (il)	Krankheit
prendere un malanno	erkranken
approfittare	nutzen, wahrnemen
ritenere (io ritengo)	halten, schätzen
fino in fondo	bis zum Letzten
estivo	Sommer..., sommerlich
ritirare	abholen
immediatamente	unverzüglich, sofort
in orario	pünktlich
improbabile	unwahrscheinlich
comportarsi	sich verhalten
ingiusto	unrichtig, nicht richtig
meglio	besser
peggio	schlechter
essere ora	an der Zeit sein
mettere la testa a posto	auf den rechten Weg kommen
dire pane al pane e vino al vino	das Kind beim rechten Namen nennen
sprecare	verschwenden
parolaccia (la)	Schimpfwort

ubriacarsi	sich betrinken
benché	obwohl
sebbene	obwohl
malgrado	obwohl
nonostante	trotzdem
quantunque	obgleich
purché	nur... wenn, vorausgesetzt, daß
a patto che	unter der Bedingung, daß
a condizione che	unter der Bedingung, daß
nel caso che	im Falle, daß
prima che	bevor
senza che	ohne daß
fare di testa propria	seinen eigenen Kopf durchsetzen
affinché	damit
perché	damit
togliere	herausziehen
locuzione (la)	Wendung, Redewendung
incerto	unsicher
volontà (la)	Wille
timore (il)	Furcht
speranza (la)	Hoffnung
giudizio (il)	Urteil
naturale	natürlich
normale	normal
preferibile	vorzuziehen, besser
logico	logisch
illogico	unlogisch
stupido	dumm
locuzione affettiva (la)	Äußerung des Empfindens
rallegrarsi	sich freuen
spiacente	traurig
essere spiacente	Leid tun
locuzioni congiuntive	Ausdrücke mit Konjunktiv
acciocché	damit
supposto	vorausgesetzt
bellino	hübsch
chissà	wer weiß
pomodoro (il)	Tomate
mozzarella (la)	Mozzarella
carino	hübsch
naturalmente	natürlich
dentro	drinnen, darin, darinnen
riso (il)	Reis
lattina (la)	Dose, Blechdose
coca-cola (la)	Coca-Cola
coltello (il)	Messer
tovagliolo (il)	Serviette
carta (la)	Papier
roulotte (la)	Wohnwagen
camper (il)	Wohnmobil
piazzare	aufstellen, aufbauen
tenda (la)	Zelt
da quella parte	dort
servizi (i)	Sanitäreinrichtungen
apparente	scheinbar
veterinario (il)	Tierarzt
pietà (la)	Mitleid
poverino!	Ärmster!
poveretto!	Ärmster!
che pena!	wie schade!
curioso	neugierig
sorpreso	überrascht
curare	pflegen
nutrire	füttern
evitare	vermeiden
affidare	anvertrauen, übergeben
indomani (l')	der nächste Tag
caccia (la)	Jagd
leale	aufrichtig
sterminio (lo)	Ausrottung
indiscriminato	wahllos
indifeso	schutzlos

parte c	**C-Teil**
ecologia (l')	Ökologie
campagna (la)	Kampagne, Initiative
promozione (la)	Förderung
stimolare	anregen
interesse (l'), m.	Interesse
parco nazionale (il)	Nationalpark
parco (il)	Park
allestire (io allestisco)	einrichten
riserva (la)	Schutzgebiet
difficoltà (la)	Schwierigkeit
provocato	hervorgerufen, entstanden
comitato (il)	Komitee

ricerca (la)	Forschung
creare	schaffen
flora (la)	Flora
luogo protetto (il)	Schutzgebiet
uccello (l')	Vogel
acquatico	Wasser...
uccello acquatico (l')	Wasservogel
pianta (la)	Pflanze
paesaggio (il)	Landschaft
alpino	Alpen...
paesaggio alpino (il)	Alpenlandschaft
marmotta (la)	Murmeltier
creazione (la)	Einrichtung, Schöpfung
naturalistico	Natur...
rivolgere	hier: schenken
bisognoso di cure	pflegebedürftig
immediato	sofortig, unverzüglich
cura immediata (la)	hier: Sofortmaßnahme
natura bisognosa di cure immediate	Natur, die Sofortmaßnahmen benötigt
zona (la)	Zone, Gebiet
passaggio (il)	Durchfahrt, Durchgang
barca (la)	Boot
motore (il)	Motor
barca a motore (la)	Motorboot
imporre (impongo)	verordnen, zwingen
sgombro	frei
rifiuti	Abfall
biodegradabile	abbaufähig
a questo scopo	zu diesem Zweck
scopo (lo)	Zweck
essere in atto	vorhanden sein
zona costiera (la)	Küstenzone
costiero	Küsten...
fervore (il)	Eifer
sensibilizzare	sensibilisieren
opera educativa (l')	Erziehungsaktion
faggeta (la)	Buchenhain
capriolo (il)	Reh
testata (la)	hier: Talschluß
valle (la)	Tal
piantagione	Plantage
pioppo (il)	Pappel
corso d'acqua (il)	Wasserlauf
mass-media (il)	Massmedium

mobilitare	mobilisieren
autorità politiche (le)	politische Kräfte
compito (il)	Aufgabe
rispettare	schonen, schonend behandeln
illusione (l'), f.	Illusion
ambiente naturale (l'), m.	Natur, Naturbereich
essere impegnato	engagiert sein
lotta (la)	Kampf
avversario (l')	Gegner
proposito (il)	Absicht
sfruttare	ausbeuten, ausnützen
piegare	biegen
utilità (l')	Nutzen
avvelenare	vergiften
indisturbato	ungestört
ciclo vitale (il)	Lebenskreis, Lebenscyclus
splendente	strahlend
vetta (la)	Gipfel
costante	ständig
incondizionato	bedingungslos
essere vivente (l')	Lebewesen
parziale	teilweise, partial
estinzione (l')	Aussterben
in via di estinzione	vor dem Aussterben bedroht
ospitare	hier: Lebensraum bieten
lupo (il)	Wolf
orso bruno (l')	Braunbär
intatto	intakt
rude	rauh
selvaggio	wild
roccia (la)	Felsen
assolato	sonnig
macchia (la)	Macchia
oasi (l'), f.	Oase
sorgere	entstehen
stagno (lo)	Teich, Weiher
efficace	wirkungsvoll
riserva marina (la)	Meerschutzgebiet
intervento (l')	Eingriff
cervo (la)	Hirsch
approssimazione (l'), f.	Annäherung
inquinato	verschmutzt
inquinare	verschmutzen

GRAMMATIK

I.

Eine Übersicht über den **Konjunktiv Präsens** finden Sie in Ihrem Lehrbuch auf S. 383. Im *Konjunktiv Präsens* sind die *Einzahlformen* (*io, tu, lui / lei*) und die *dritte Person Plural (loro)* mit den *Aufforderungsformen* (Imperativformen) identisch. Vergleichen Sie:

Aufforderung (Imperativ)	**Konjunktiv**
Per favore, **parli** più forte! (Bitte sprechen Sie lauter!)	Mario *pensa che* tu **parli** la sua lingua. (Mario denkt, du sprichst seine Sprache.)
Per favore, non **finiscano** troppo tardi! (Bitte, kommen Sie nicht zu spät zum Ende!)	Luisa *spera che* **finiscano** presto. (Luisa hofft, daß sie bald fertig sein werden.)

Da die Einzahlform für alle drei Personen gleich lautet, wird oft das *Subjektpronomen* gesetzt, um Mißverständnisse zu vermeiden:

	(**io**)	
	(**tu**)	
Mario pensa che	(**lui**)	parli questa lingua.
	(**lei**)	
	(**Lei**)	

Die *1. Person Mehrzahl* (*noi*) ist mit der entsprechenden Form des *Indikativs* **identisch**:

Partiamo domani. (Wir fahren morgen ab.)
Lui *vuole che* **partiamo** domani. (Er will, daß wir morgen abfahren.)

Die *2. Person Mehrzahl* (*voi*) endet für **alle Verben** auf *-iate*:

Mario *spera che* scriv**iate** presto.
(Mario hofft, daß Ihr bald schreibt.)

Loro *desiderano che* and**iate** a casa.
(Sie wünschen, daß ihr nach Hause geht.)

Der **congiuntivo passato** wird mit den Formen des *congiuntivo presente* von *essere* bzw. *avere + Partizip Perfekt* der jeweiligen Verben gebildet. Er drückt eine Vorzeitigkeit gegenüber der Haupthandlung aus:

Antonio *teme che* lei **sia** già **uscita**.
(Antonio fürchtet, daß sie schon ausgegangen ist.)

Marisa *spera che* non **abbiano sentito** il rumore.
(Marisa hofft, daß sie den Lärm nicht gehört haben.)

II.

Der **Konjunktiv** steht meistens nur in *Nebensätzen* (daß-Sätzen; im Italienischen durch *che* eingeleitet). Eine Übersicht über die Verben und Ausdrücke, die im Nebensatz den Konjuktiv verlangen, finden Sie in Ihrem Buch auf den Seiten 384 bis 388.

Der **Konjunktiv** steht meistens:

a) nach Verben und Ausdrücken des *Zweifelns*, des *Glaubens*, der *Unsicherheit*:

Mi pare che *siano* già ritornati.
(Es scheint mir, daß sie schon zurückgekommen sind.)
Suppongo che tutti *abbiano capito*.
(Ich nehme an, daß alle verstanden haben.)

b) nach Verben und Ausdrücken der *Gemütsbewegung*:

Spero che Lei *abbia passato* delle belle vacanze.
(Ich hoffe, daß Sie einen schönen Urlaub verbracht haben.)

Temo che il treno *sia* già *partito*.
(Ich fürchte, daß der Zug schon abgefahren ist.)

c) nach Verben und Wörtern, die einen *Wunsch* ausdrücken:

Non **voglio che** lui *resti* solo.
(Ich will nicht, daß er allein bleibt.)

Preferisco che tu *vada* a casa subito.
(Ich habe es lieber, wenn du sofort nach Hause gehst.)

d) nach manchen *unpersönlichen Ausdrücken*:

Bisogna che tu *venga* da me appena possibile.
(Es ist besser, wenn sie die Wahrheit sagen.)

Può darsi che domani *piova*.
(Es kann sein, daß es morgen regnet.)

e) nach manchen *unpersönlichen Ausdrücken*, die eine *Meinung* enthalten:

E' meglio che Lei *dica* la verità.
(Es ist besser, wenn Sie die Wahrheit sagen.)

E' ora che tu *segua* i miei consigli.
(Es ist Zeit, daß du meinen Ratschlägen folgst.)

f) nach einigen *Konjunktionen*:

Benché *abbia* molto da fare, stasera andrò al cinema.
(Obwohl ich viel zu tun habe, werde ich heute abend ins Kino gehen.)

Ti scriverò **prima che** tu *parta*.
(Ich werde dir schreiben, bevor du abfährst.)

Dico questo **perché** (**affinché**) *capiate*.
(Ich sage das, damit Ihr versteht / Sie verstehen.)

Vergleichen Sie die letzten zwei Sätze mit den folgenden:

Ti scriverò *dopo che sarai partito*.
(Ich werde dir schreiben, nachdem du abgefahren sein wirst.)

prima che + Konjunktiv/dopo che + Indikativ.

Vado spesso al cinema *perché mi piacciono* i film.
(Ich gehe oft ins Kino, denn mir gefallen die Filme.)

perché (*damit*) **+ Konjunktiv/perché** (*denn, weil*) **+ Indikativ**

Eine Übersicht über die unregelmäßigen Formen des Konjunktivs finden Sie auf den Seiten 388 bis 390 Ihres Lehrbuchs. Hier sei nur gesagt, daß die Formen des *Konjunktiv Präsens* **unregelmäßig** sind, wenn auch die Formen des *Indikativ Präsens* **unregelmäßig** sind. Vergleichen Sie:

	Indikativ Präsens	**Konjunktiv Präsens**
potere	*poss*-**o**	*poss*-**a**
tradurre	*traduc*-**o**	*traduc*-**a**
uscire	*esc*-**o**	*esc*-**a**

Essere, avere, dare, stare sind mit allen Aufforderungsformen (Imparativ) *identisch*, nur die *2. Person Plural* von *dare* und *stare* endet auf *-iate*.

Im Gegensatz zum Deutschen hält sich die italienische Sprache streng an die Übereinstimmung der Zeiten. Beachten Sie:

Steht der *Hauptsatz* in der *Gegenwart*, so steht im *che-Satz congiuntivo presente* zur Angabe der **Gleichzeitigkeit** bzw. der **Nachzeitigkeit**, *congiuntivo passato* zur Angabe der **Vorzeitigkeit**:

Gleichzeitigkeit

E' possibile (*ora*) che non **sappia** camminare (*ora*).
(Es ist möglich, daß es nicht laufen kann.)

Nachzeitigkeit

Temo (*ora*) che **muoia** (*dopo*).
(Ich fürchte, es wird sterben.)

Vorzeitigkeit

E' probabile (*ora*) che **sia uscito** (*prima*).
(Es ist wahrscheinlich, daß er fortgegangen ist.)

Ist das *Subjekt* des daß-Satzes das **gleiche** wie im Hauptsatz, so steht im Italienischen **kein** che-Satz, sondern ein Infinitivsatz mit bzw. ohne Präposition *di*. Vergleichen Sie:

Penso che lui sia a casa.
(*Ich* denke, *er* ist zu Hause.)

Penso di non **aver** dimenticato niente.
(*Ich* denke, daß *ich* nichts vergessen habe.)

Die richtige Anwendung des Konjunktivs nicht immer leicht. Dazu kann hier nur gesagt werden, daß man sich mit dem Konjunktiv zwar eleganter ausdrückt, in der gesprochenen Sprache aber an dessen Stelle sehr oft der Indikativ gebraucht wird.

Non sono sicura che **arrivi** anche lei.
(Ich bin nicht sicher, daß auch sie ankommt.)

In der gesprochenen Sprache ist gebräuchlich:

Non sono sicura che **arriva/arriverà** anche lei.

Manchmal ist der Gebrauch des Kojunktivs nur von der Formulierung des Satzgefüges abhängig. Bildet man den Satz anders, ist kein Konjunktiv mehr notwendig:

KONJUNKTIV	INDIKATIV
Può darsi che domani **piova.** (Es kann sein, daß es morgen regnet.)	**Forse** domani **pioverà**. (Vielleicht regnet es morgen.)
Può essere che ora **dorma**. (Es kann sein, daß sie jetzt schläft.)	**Forse** ora **dorme**. (Vielleicht schläft sie jetzt.)
E' possibile che sia andato a casa. (Es ist möglich, daß er nach Hause gegangen ist.)	**Forse è andato** a casa. (Vielleicht ist er nach Hause gegangen.)

unità 18

L'artista

UNITÀ 18 - *L'ARTISTA*

WORTSCHATZ

parte a	**A-Teil**
ridipingere	wieder streichen, frisch anstreichen
pennello (il)	Pinsel
tela (la)	Leinwand
tavolozza (la)	Farbpalette
cavalletto (il)	Staffelei
occorrente (l'), m.	Nötige, Notwendige
chiudersi a chiave	sich einsperren
buco della chiave (il)	Schüsselloch
mediocre	mittelmäßig
capolavoro (il)	Meisterwerk
lanciare	hier: schleudern
porcheria (la)	Schweinerei
emozionato	aufgeregt
andare a finire	enden
riuscire	können, gelingen
ritratto (il)	Portrait
cesto (il)	Korb
e ... basta	und ... Schluß
decisamente	ausgesprochen, entscheidend
qui sta il bello	das ist das tolle daran

parte b	**B-Teil**
scolpire	bildhauen
tinteggiare	färben
soffitta (la)	Speicher
fare sul serio	ernst meinen
distruggere	zerstören
vasetto (il)	Gläschen, kleine Dose
lacca (la)	Lack, Farbe
tubetto (il)	kleine Tube
colore (il)	Farbe
spatola (la)	Spachtel
scultore (lo)	Bildhauer
correggere	verbessern, korrigieren
applaudire	Beifall spenden
ammalarsi	krank werden
musicista (il, la)	Sänger, -in
compiere	hier: begehen
azione (l'), f.	Tat
lentamente	langsam
in quattro e quattr'otto	im Handumdrehen, im Nu
terminare	hier: absolvieren
presentarsi agli esami	zur Prüfung erscheinen
avvisare	Bescheid sagen, ankündigen
restituire (restituisco)	zurückgeben
nel giro di...	innerhalb von...
intenzione (l')	Absicht
avere intenzione	vorhaben
avere un debole	eine Schwäche haben
debole (il)	Schwäche
rifugio (il)	Hütte
concludersi	ausgehen, enden
dappertutto	überall
pisolino (il)	Nickerchen
allestire (io allestisco)	vorbereiten, einrichten
esporre (espongo)	ausstellen
catalogo (il)	Katalog
impressionismo (l')	Impressionismus
dai, continua!	los, erzähl weiter!
concludere	abschließen
congratulazioni (le)	Glückwünsche
approvazione (l'), f.	Zustimmung
complimenti!	Glückwünsche!
disapprovazione (la)	Mißbilligung
che schifo!	entsetzlich!
talvolta	manchmal
tinta (la)	Farbe
serratura (la)	Schloß
fermamente	fest
carica artistica (la)	künstlerischer Drang
interpreta-zione (l'), f.	Deutung, Auslegung
natura morta (la)	Stilleben
pittura (la)	Malerei
aria di trionfo (l')	Siegesarie
trionfo (il)	Triumph
educazione artistica (l')	Kunsterziehung

parte c	C-Teil
ambiente circostante (l'), m.	Umgebung
circostante	umliegend
precorrere	vorausgehen
Rinascimento (il)	Renaissance
insuperabile	unübertrefflich
vigore (il)	Kraft
espressivo	ausdrucksvoll
fiorente	blühend
favorevole	günstig
vocazione (la)	Berufung
decorazione (la)	Dekoration
pittorico	malerisch
sposalizio (lo)	Hochzeit
Vergine (la)	Jungfrau
soggetto religioso (il)	religiöses Thema
trasfigurazione (la)	Verklärung Christi
particolare (il)	Ausschnitt
peccato originale (il)	Erbsünde
peccato (il)	Sünde
sfondo (lo)	Hintergrund
liocorno (il)	Einhorn
cardellino (il)	Stieglitz, Distelfink
maturità (la)	Reife
papale	päpstlich
monumentale	großartig
cardinale (il)	Kardinal
gentildonna (la)	Edelfrau
popolana (la)	Frau aus dem Volk
romano	römisch
decorare	dekorieren
artigiano (l')	Handwerker
abbellire (io abbellisco)	verschönern

GRAMMATIK

I.

Kojunktiv Imperfekt

Für die Bildung des *Konjunktivs Imperfekt* gelten die gleichen Regeln wie für die Bildung des *Indikativs Imperfekt*. Die Endungen sind für alle Verbgruppen gleich. Man hängt sie an die *Infinitivform* des Verbs an, wobei vorher die beiden Endbuchstaben *-re* gestrichen werden müssen.

ascolta*re*	ascolta**ssi**
legge*re*	legge**ssi**
dormi*re*	dormi**ssi**

Dire, fare, bere, ferner *porre* und seine Komposita (Verbverbindungen) sowie Verben auf *-urre* haben besondere Formen, die vom alten lateinischen Infinitiv abgeleitet werden:

dire	**dicessi**
fare	**facessi**
bere	**bevessi**
porre	**ponessi**
proporre	**proponessi**
tradurre	**traducessi**

Die zweisilbigen Verben *stare* und *fare* ändern beim Konjunktiv Imperfekt den Vokal *-a* zu *-e*:

stare	st**e**ssi
dare	d**e**ssi

Essere hat eine eigene Form, an die die Endsilben des Konjunktivs Imperfekt angehängt werden:

essere	**fossi**

Konjunktiv Plusquamperfekt

Das *Plusquamperfekt* des *Konjunktivs Imperfekt* wird mit den *Imperfektformen* von *essere* bzw. *avere + Partizip Perfekt* der jeweiligen Verben gebildet. Es drückt eine Vorzeitigkeit gegenüber der Haupthandlung aus.

Temevo che **fosse** già **partito**.
(Ich fürchtete, daß er schon abgereist war.)

Si diceva che lei **avesse perduto** molti soldi.
(Man sagte, sie hätte viel Geld verloren.)

Für den Gebrauch des *Kojunktvis Imperfekt* bzw. *Plusquamperfekt* gilt, was in der Lektion 17/II zum Gebrauch des *congiuntivo presente* bzw. *congiuntivo passato* gesagt worden ist. Eine Übersicht über die Verben und Ausdrücke, die im che-Satz *Konjunktiv Imperfekt* bzw. *Plusquamperfekt* verlangen, finden Sie in Ihrem Lehrbuch auf den Seiten 413-416.

Hier sei nur kurz wiederholt: Steht der Hauptsatz in einer Zeitform der *Vergangenheit*, gebraucht man im che-Satz den *Konjunktiv Imperfekt* zur Angabe der **Gleichzeitigkeit** bzw. der **Nachzeitigkeit**, den *Konjunktiv Plusquamperfekt* zur Angabe der **Vorzeitigkeit** gegenüber der Haupthandlung. Vergleichen Sie folgende Sätze.

Gleichzeitigkeit

Penso (*ora*) che lui **sia** a casa (*ora*).
(Ich denke, daß er zu Hause ist.)

Pensavo (*allora*) che lui **fosse** a casa (*allora*).
(Ich dachte, daß er zu Hause war.)

Nachzeitigkeit

Credo (*ora*) che lui **ritorni** il mese prossimo (*dopo*).
(Ich glaube, daß er nächsten Monat zurückkommt.)

Credevo (*allora*) che lui **ritornasse** il mese seguente (*dopo*).
(Ich glaubte, daß er den folgenden Monat zurückkommen würde.)

Vorzeitigkeit

Suppongo (*ora*) che **abbiano** capito (*prima*).
(Ich nehme an, daß sie verstanden haben.)

Supponevo che **avessero** capito (*prima*).
(Ich nahm an, daß sie verstanden hätten.)

II.

Achten Sie bitte auf die folgenden Redewendungen mit dem Ausdruck *andare a finire*:

a) come **andrà/è andata** a finire?
(Wie wird es ausegehen? / Wie ist es ausgegangen?)

Man gebraucht diese Wendung, wenn man wissen will, wie etwas endet bzw. geendet hat, wobei im *passato prossimo* das Verb *andare* in der *3. Person Singular Feminin* steht (*andat**a***), da *la cosa / la storia* (die Angelegenheit) gemeint ist.

Sono curiosa di vedere come **andrà a finire.**
(Ich bin neugierig, wie es ausgehen wird.)

Come è **andata a finire** l'avventura di tuo zio?
(Wie ist das Abenteuer deines Onkels ausgegangen?)

b) als Frage in Verbindung mit *dove* kann es sich auf Personen beziehen. Vergleichen Sie:

Dove è **andato a finire** Carlo? Sono mesi che non lo si vede più.
(Was ist aus Carlo geworden? Seit Monaten sieht man ihn schon nicht mehr.)

Eccoti Carlo! Ma *dove* eri **andato a finire**?
(Da bist du ja, Carlo! Wo in aller Welt bist du denn gewesen?)

unità 19

A pesca

UNITÀ 19 - *A PESCA*

WORTSCHATZ

parte a	**A-Teil**
periodo ipotetico	Bedingungssatz
appassionato	begeistert
solita ora, solito posto	gleiche Zeit, gleicher Ort
molino (il)	Mühle
pentirsi	bereuen
fortuna (la)	Glück
spostarsi	Platz wechseln, sich verlagern
spaventare	erschrecken
sfortuna (la)	Unglück
capitare	passieren
sensazione (la)	Gefühl
portare sfortuna	Unheil bringen
presenza (la)	Anwesenheit
nemmeno	nicht einmal
riempire	füllen
cesta (la)	Korb
magari!	wenn ... bloß
magari ti avessi ascoltato !	hätte ich bloß auf Dich gehört!

parte b	**B-Teil**
a mani vuote	mit leeren Händen
filo (il)	Schnur
galleggiante (il)	Schwimmer
amo (l')	Angelhaken
esca (l')	Köder
inutile	vergeblich
conferenza (la)	Vortrag
abboccare	anbeißen
selvaggina (la)	Wild
esagerare	übertreiben
essere in ferma	vorstehen, verharren (*Jägersprache*)
puntare	stellen, anvisieren (*Jägersprache*)
preda (la)	Beute
alla rovescia	umgekehrt
richiamo (il)	Lockvogel
condizione (la)	Bedingung
dubbio	zweifelhaft
teorico	theoretisch
ala (l'), pl.: le ali	Flügel
di persona	persönlich
stesso	gleich
quasi quasi...	fast
avere dei guai	etwas Schlimmes erleben
rimanere a bocca asciutta	leer ausgehen
campo da tennis (il)	Tennisplatz
enfasi (l'), f.	Nachdruck
delusione (la)	Enttäuschung
disinganno (il)	Ernüchterung, Enttäuschung
dispiacere (il)	Bedauern
entrambi	beide
competizione (la)	Wettstreit
essere in competizione	in Wettstreit liegen
tecnica (la)	Technik
mezzo (il)	Mittel
rivelarsi	sich erweisen
saggio	klug
insistere	bestehen
bugiardo (il)	Lügner
meditare	meditieren
distendersi	sich entspannen

parte c	**C-Teil**
sindacato (il)	Gewerkschaft
ispirazione (l')	hier: Tendenz, Richtung
funzionale	zweckdienlich
tendenza (la)	Tendenz
corporativo	korporativ, körperschaftlich
formarsi (il)	Bildung, Bilden
autonomo	selbständing, autonom
unità di azione (l')	Einhelligkeit des Handelns
diaspora (la)	Diaspora (= *konfessionelle / nationale Minderheit*)

perdita (la)	Verlust
conseguente	sich ergebend
fiorire (il)	Aufblühen
scaturire (scaturisco)	hervorgehen
appannare	trüben
immagine (l'), f.	Image, Bild
assumere	übernehmen
parte (la)	Rolle
protagonista (il, la)	Hauptdarsteller, -in
invadere	übergreifen
campo politico (il)	politische Sphäre, politisches Gebiet
risultato (il)	Ergebnis
statuto dei lavoratori (lo)	Arbeiterstatut
giusta causa (la)	triftiger Grund
licenziamento (il)	Entlassung
arbitrario	willkürlich
datore di lavoro (il)	Arbeitgeber
discutibile	strittig
appiattimento (l')	Verminderung
operare	wirken, arbeiten
unitariamente	einheitlich, einstimmig
escluso	ausgeschlossen
sindacato di categoria (il)	Einzelgewerkschaft Berufsgewerkschaft
tessile	der Textilindustrie
chimico	der Chemie, chemisch
metalmeccanico	der Metall- und Maschinenbauin-dustrie
camera di lavoro (la)	Arbeitnehmerkammer, Arbeitskammer
arma (l'), pl. le armi	Waffe
pressione (la)	Druck
fare uso	sich bedienen
sciopero (lo)	Streik
unanimamente	einstimmig
accettare	anerkennen, billigen
intervenire	einschreiten
reprimere	unterdrücken
protesta (la)	Protest
orario di lavoro	Arbeitszeit
ritmo di lavoro (il)	Arbeitstempo
operaio (l')	Arbeiter
agricoltura (l')	Landwirtschaft
moralmente	moralisch
rinascere	wiederentstehen

profondo	tief
ferita (la)	Wunde
ricostruzione (la)	Wiederaufbau
linea ferroviaria (la)	Eisenbahnstrecke
linea elettrica (la)	elektrische Leitung
illuminazione (l'), f.	Beleuchtung
industriale	Industrie...
boom economico (il)	wirtschaftlicher Aufschwung
miracolo (il)	Wunder
frigorifero (il)	Kühlschrank
lavatrice (la)	Waschmaschine
lavastoviglie (la)	Geschirrspüler
glorioso	glorreich
Vespa (la)	Vespa
bene (il)	Wohl
lavoratore (il)	Arbeiter
ideologico	ideologisch
luccicare	leuchten
astro (l')	Stern
argento (l')	Silber
placido	sanft
prospero, *poet.*	günstig
agile	flink
barchetta (la)	kleines Boot
zeffiro	Zephir, Westwind
soave	mild, sanft
nave (la)	Schiff
tenda (la)	hier: Segel
bandire	feiern
sereno	heiter
desiare, *poet.*	wünschen
scordare	vergessen
tribolo (il), *poet.*	Leid, Kummer
marinaro (il), *poet.*	Seemann
allegria (l')	Fröhlichkeit
suolo (il)	Boden
beato	glücklich
creato (il)	hier: Welt
armonia (l')	Harmonie
tardare	zögern
spirare	wehen
auretta (l'), *poet.*	Luft, Lüftchen

GRAMMATIK

I.

Der **Bedingungssatz** besteht aus zwei Teilen: einem *wenn-Satz* (im Italienischen *se-Satz*), der die Bedingung ausdrückt, und einem *Hauptsatz*, der die Folge der Bedingung enthält.

Bezieht sich der Bedingungssatz auf die Gegenwart oder die Zukunft, muß man unterscheiden:

1. Drückt der Bedingungssatz eine *reale Gewißheit* aus, steht jeweils *Indikativ Präsens* oder *Futur:*

Se **dici** questo, sbagli. (Wenn du das sagst, irrst du dich.)

Se **verrai**, non ti pentirai.
(Wenn du kommst, wirst du es nicht bereuen.)

Manchmal kann im Satz, der die Folge ausdrückt (Hauptsatz) auch ein *Imperativ* stehen:

Se vieni, **avvertimi!** (Wenn du kommst, sag mir Bescheid!)

Dieser Bedingungssatz wird im Italienischen *periodo ipotetico di 1º tipo o della realtà* genannt.

2. Drückt der Bedingungssatz nur eine *Möglichkeit*, eine *Wahrscheinlichkeit* aus, gebraucht man den *Konjunktiv Imperfekt* für den *se-Satz* und das *Konditional I* für die Folge. Vergleichen Sie:

Se **cambiassi** lavoro, **guadagnerei** di più.
(Wenn ich die Arbeit wechseln würde, würde ich mehr verdienen.)

Die Bedingung (cambiare lavoro) ist zwar möglich, aber nicht als real, sondern nur theoretisch dargestellet; die Folge, als Konsequenz der Bedingung, wird dementsprechend auch theoretisch gesehen.
Dieser Bedingungssatz heißt im Italienischen *periodo ipotetico di 2º tipo o della possibilità.*

Bezieht sich der Bedingungssatz auf die *Vergangenheit*, verwendet man den *Konjunktiv Plusquamperfekt* für den se- Satz und das *Konditional II* für die Folge. Vergleichen Sie:

Se **fossi venuto** con te, mi **sarei divertita** di più.
(Wenn ich mit dir gekommen wäre, hätte ich mich mehr amüsiert.)

Se tu **avessi preso** quella medicina, ieri non **saresti stato** tanto male.
(Wenn du dieses Medikament genommen hättest, hättest du dich gestern nicht so schlecht gefühlt.)

Beachten Sie:

Liegt die Folge in der Gegenwart, obwohl sich die Bedingung auf die Vergangenheit bezieht, hat man im Hauptsatz statt *Konditional II* das *Konditional I*:

Se tu **avessi preso** quella macchina, ora **potresti** partire con me.
(Wenn du dieses Medikament genommen hättest, könntest du jetzt mit mir wegfahren.)

Dieser Bedingungssatz heißt im Italienischen: *Periodo ipotetico di 3º tipo o della irrealtà.*

Heute gibt es in der italienischen Sprache die Tendenz, den *Bedingungssatz der Irrealität* mit *Indikativ Imperfekt* sowohl für die Bedingung als auch für die Folge zu bilden. Vergleichen Sie:

Se **venivo** con te mi **divertivo** di più.
Se **prendevi** quella medicina, non **stavi** tanto male.

Das nur für den Fall, wenn sowohl die Bedingung als auch die Folge in der Vergangenheit liegen.

II.

Steht im Hauptsatz *Konditional I* bzw. *II*, so verwendet der che-Satz den *Konjunktiv Imperfekt* zur Angabe der **Gleichzeitigkeit** bzw. **Nachzeitigkeit**, den *Konjunktiv Plusquamperfekt* zur Angabe der **Vorzeitigkeit.**

Gleichzeitigkeit

Vorrei (*ora*) che Lei **capisse** (*ora*).
(Ich möchte, daß Sie verstehen.)

Avrei voluto (*allora*) che tu mi **telefonassi** (*allora*).
(Ich hätte gewollt, daß du mich anrufst.)

Nachzeitigkeit

Vorrei (*ora*) che **tornassero** domani.
(Ich möchte, daß sie morgen zurückkommen.)

Avrei voluto (*allora*) che Luisa **restasse** (*dopo*) ancora un paio di giorni.
(Ich hätte gewollt, daß Luisa noch ein paar Tage bleiben würde.)

Vorzeitigkeit

Desiderei (*ora*) che tu **avessi studiato** di più (*prima*).
(Ich wünschte, du hättest mehr gelernt.)

Sarebbe stato bello (*allora*) che voi **foste arrivati** prima.
(Es wäre schön gewesen, wenn Ihr eher angekommen wäret.)

III.

In den Lektionen 17 und 18 hatten wir gesagt, daß der *Konjunktiv* meistens in Nebensätzen steht. Manchmal wird er auch in Hauptsätzen gebraucht.

Enthält der Hauptsatz einen *Wunsch*, der nicht erfüllt worden ist oder werden kann, wird das durch *magari* + *Konjunktiv Imperfekt* bzw. *Plusquamperfekt* ausgedrückt. Vergleichen Sie:

Magari fosse vero!
(Wenn es doch wahr wäre!)

Magari ci **avessero invitato!**
(Wenn sie uns doch eingeladen hätten!)

unità 20

Il fidanzamento

UNITÀ 20 - *IL FIDANZAMENTO*

WORTSCHATZ

parte a	**A-Teil**
grado dell'aggettivo	*Steigerung beim Adjektiv*
fidanzamento (il)	Verlobung
fidanzarsi	sich verloben
corteggiare	den Hof machen
sposare	heiraten
chiacchierare	plaudern
caminetto (il)	Kamin
coppa (la)	Kelch, Glas
spumante (lo)	Sekt
innamorato	verliebt
sorprendente	überraschend

parte b	**B-Teil**
divorziarsi	sich scheiden lassen
bisnonno (il)	Urgroßvater
basso	klein, niedrig
ottimo	sehr gut
pessimo	sehr schlecht
povero in canna	arm wie eine Kirchenmaus
benestante	wohlhabend
indecisione (l'), f.	Unentschlossenheit
corrente	laufend
cerimonia (la)	hier: Trauung
economicamente	finanziell
studioso	fleißig
accogliente	gemütlich
luminoso	hell
cartolina illustrata (la)	Ansichtskarte
musica operistica (la)	Opernmusik
obbedire	gehorchen
salutare	gesund
pranzo di nozze (il)	Hochzeitsmahl
geloso	eifersüchtig
agire (agisco)	handeln, tun
istintivamente	instinktiv
razionalmente	rationell
candidato (il)	Prüfling
esaminare	prüfen
prefisso (il)	Vorsilbe
innamorato cotto	bis über die Ohren verliebt
pieno zeppo	brechend voll
bagnato fradicio	pudelnaß
girare attorno	herumlaufen
fare la corte	den Hof machen
provvedimento (il)	Maßnahme
premura (la)	Aufmerksamkeit, Bemühung
sentiero (il)	Weg
attrezzato	ausgestattet
pista da sci (la)	Skipiste
impianto di risalita (l')	Liftanlage
pista di pattinaggio (la)	Schlittschuhbahn
fare dello sci	skifahren
attrezzatura (l')	Ausrüstung
costoso	teuer
incredulità (l')	Ungläubigkeit
correggersi	sich verbessern
tenace	zäh
gradevole	angenehm
colpo di fulmine (il)	Liebe auf den ersten Blick
prestigio (il)	Prestige
viva	es lebe
sposi (gli)	Brautpaar
innamoramento (l')	hier: Liebe
commentare	kommentieren, über etwas sprechen

parte c	**C-Teil**
invecchiato	hier: gelagert
amabile	lieblich
secco	trocken
fattoria (la)	Landhaus, Bauernhof
vino di fattoria (il)	Landwein
cantina (la)	Kellerei
complemento (il)	Ergänzung
essenziale	wesentlich
alimentazione (l'), f.	Ernährung
abusare	mißbrauchen

carattere (il)	hier: Eigenschaft
nutritivo	ernährend
dietetico	diätetisch
vigneto (il)	Weinberg, Weinanbau
barile (il)	Faß
rovere (il, la)	Sommereiche
botte (la)	Faß
invecchiamento (l')	Alterung, Altern
fisionomia (la)	hier: Merkmal
avvicinare	zusammenbringen, nahe bringen
unico	einzigartig
risaputo	wohl bekannt
vibrazione (la)	Erschütterung
odore (l')	Geruch
esalazione (l'), f.	Ausdünstung
sbalzo di temperatura (lo)	plötzlicher Temperaturwechsel
temperatura (la)	Temperatur
sistemare	lagern
idoneo	geeignet, passend
fare collezione	sammeln
collezione (la)	Sammlung
vitigno (il)	Weinrebe, Weinstock
potatura	Schnitt, Beschneiden
vite (la)	Weinrebe
selezione (la)	Auslese
uva (l')	Weintraube
maturare	reifen
concorrere	mitwirken, beitragen, beisteuern
nascita (la)	hier: Entstehung
confezione (la)	Geschenkpackung
conoscitore (il)	Kenner
sincero	echt, rein
genuino	echt, unverfälscht
competenza (la)	Können
gusto (il)	Geschmack
riproduzione (la)	Reproduktion
formella (la)	Fliese, Kachel, Tafel
vendemmia (la)	Weinlese
fontana (la)	Brunnen
norma (la)	Norm, Regel, Vorschrift
rigoroso	streng
anziché	statt
criterio di base (il)	Grundprinzip
temperatura ambiente (la)	Zimmertemperatur

crostaceo (il)	Krustentier
frutti di mare (i)	Meeresfrüchte
delicato	zart
conversazione (la)	Konversation, Unterhaltung
liquoroso	Likör...
pasticceria (la)	Süßspeise
armonia (l')	Harmonie, Übereinstimmung
artigianato (l')	Kunsthandwerk
ispirazione (l')	Inspiration, Erleuchtung
esperto (l')	Kenner
comandamento (il)	Gebot
amatore (l') m.	Liebhaber
alcolico (l')	alkoholisches Getränk
corposo	hier: schwer
riscaldare	aufwärmen
gradazione (la)	Alkoholgehalt
crescente	steigend
sorso (il)	Schluck
gettare	hier: spritzen, sprühen
vino da dessert (il)	Dessertwein
fantasioso	phantasievoll
coppa di gelato (la)	Eisbecher
ricavare	gewinnen

GRAMMATIK

I.

Eine Übersicht über die **Formen** des **Vergleichs** finden Sie im Lehrbuch auf den Seiten 458 bis 461.
Das deutsche (eben) so ... wie wird im Italienischen mit *(tanto) ... quanto* bzw. mit *(così) ... come* ausgedrückt:

Maria è (**tanto**) bella **quanto** Luisa.
(Maria ist ebenso schön wie Luisa.)

Napoli è (**così**) bella **come** rumorosa.
(Neapel ist ebenso schön wie laut.)

Die Vergleichsformen höheren oder geringeren Grades erfolgen im Italienischen durch Voranstellung von *più* bzw. *meno* vor das Eigenschaftswort:

Maria è **più** bella di Luisa.
(Maria ist schöner als Luisa.)

Franco è **meno** ricco di Paolo.
(Franco ist ärmer als Paolo.)

Dem deutschen Vergleichspartikel *als* entsprechen im Italienischen zwei Vergleichspartikel – *di* und *che*:

Di wird beim Vergleich von *zwei Substantiven* oder *zwei Pronomen* oder von *einem Substantiv* und *einem Pronomen* gebraucht:

Roma è più grande **di** *Perugia*.
(Rom ist größer als Perugia.)

Sono più giovane ***di*** *lui*.
(Ich bin jünger als er.)

La mia *casa* è meno bella **della** *vostra*.
(Meine Wohnung ist weniger schön als eure.)

Che verwendet man beim Vergleich von *zwei Eigenschaften*, *Mengen*, *Handlungen*, *indirekten Objekten*, d.h. *Substantiven mit Präpositionen* und *Adverbien*:

Quella ragazza è più *simpatica* **che** *bella*.
(Jenes Mädchen ist eher sympatisch als schön.) = *Eigenschaften*

Ho *letto* più romanzi **che** novelle.
(Ich habe mehr Romane als Erzählungen gelesen.) = *Mengen*

E' più difficile *scrivere* **che** *parlare* una lingua.
(Es ist schwieriger, eine Sprache zu schreiben als sie zu sprechen.) = *Handlungen*

Mi piace di più *mangiare* a casa **che** (*mangiare*) al ristorante.
(Es gefällt mir mehr, zu Hause zu essen als im Restaurant.) = *Handlungen*

Meglio *tardi* **che** *mai*.
(Besser spät als nie.) = *Adverbien*

II.

Beim *relativen Superlativ* (Superlativ mit Vergleich) wird der höchste Grad mit *bestimmtem Artikel + più*, der geringste mit *bestimmtem Artikel + meno* ausgedrückt. In diesem Fall steht das Adjektiv vor dem Substantiv:

E' stato **il più** bel giorno della mia vita.
(Es ist der schönste Tag meines Lebens gewesen.)

Der bestimmte Artikel kann auch direkt vor dem Substantiv stehen; in diesem Fall wird er nicht mehr wiederholt:

E' **lo** studente *più* intelligente della classe.
(Er ist der intelligenteste Schüler der Klasse.)

Für den Superlativ mit Vergleich hat die deutsche Sprache zwei verschiedene Formen, je nachdem, ob zwei oder mehrere Personen oder Sachen miteinander verglichen werden. Im Italienischen benützt man dafür immer nur die eine Form des relativen Superlativs. Achten Sie auf folgende Beispiele:

Fra questi due studenti, Marco è **il più intelligente**.
(Von diesen beiden Studenten ist Marco *der intelligentere*.)

Fra tutti gli studenti, questo è **il più intelligente**.
(Von allen Studenten ist dieser *der intelligenteste*.)

Beachten Sie: Wenn ein Relativsatz auf einen relativen Superlativ folgt, wird der *Konjunktiv* gebraucht. Vergleichen Sie:

E' una ragazza simpatica.
(Sie ist in sympathisches Mädchen.)

E' la ragazza più simpatica che io conosc**a**.
(Sie ist das sympathischste Mädchen das ich kenne.)

III.

Der *absolute Superlativ* (ohne Vergleich) wird im Deutschen durch *sehr* vor dem Adjektiv ausgedrückt. Im Italienischen wird er gebildet:

a) durch *Anhängen* von *-issimo* ad das *Adjektiv* bzw. *Adverb*. Dabei fällt das End-e/-o weg:

gentil-*e*	gentil-**issimo**
prest-*o*	prest-**issimo**

Alle Adjektive werden durch Anhängen von *-issimo* zu Adjektiven auf *-o*; sie sind deshalb in Geschlecht und Zahl mit dem Bezugswort in Übereinstimmung zu bringen.Die Adverbien hingegen ändern sich nie, sie enden immer auf *issimo*.

E' un signore **gentilissimo**.
(Er ist ein sehr netter Herr.)

E' una ragazza **simpaticissima**.
(Sie ist ein sehr sympathisches Mädchen.)

Arriveremo **prestissimo**.
(Wir werden sehr früh ankommen.)

b) durch *Stellung* von *molto* bzw. *assai* bzw. *tanto* vor das Adjektiv bzw. Adverb:

E' gente **molto** ricca.
(Es sind sehr reiche Leute.)

Arriveremo **assai** presto.
(Wir werden sehr früh ankommen.)

c) mit den *Präfixen*: *arci*, *stra*, *ultra*, *sopra*, *super*. Diese Formen sind allerdings seltener und dürfen nur bei wenigen Adjektiven verwendet werden:

Sono **arcicontento**. (Ich bin überglücklich.)
E' **straricco**. (Er ist steinreich.)
E' **ultramoderno**. (Er ist supermodern.)
E' un prodotto **sopraffino**. (Es ist ein sehr feines Produkt.)
E' **superfortunato**. (Er ist ein Glückspilz.)

d) durch *Wiederholung* des *Adjektivs* bzw. des *Adverbs*:

Questo compito è **facile facile**.
(Diese Aufgabe ist sehr leicht.)

Tutto è andato **bene bene**.
(Alles ist sehr gut gegangen.)

Beachten Sie folgende idiomatische Formen des absoluten Superlativs: *innamorato cotto* (wahnsinnig verliebt), *pieno zeppo* (proppenvoll), *ricco sfondato* (steinreich), *bagnato fradicio* (pitschnaß), *stanco morto* (todmüde).

Einige Adjektive und Adverbien haben neben den üblichen Vergleichsformen andere, die aus dem Lateinischen stammen. Auf S.461 Ihres Lehrbuchs finden Sie eine Übersicht über diese Formen.

Beachten Sie:
(il) maggiore, (il) minore, massimo und *minimo* werden nur im übertragenen Sinne gebraucht. Vergleichen Sie folgende Beispiele:

Ho due figli: *il più grande* ha 21 anni, *il più piccolo* ne ha 15.
(Ich habe zwei Söhne: der ältere ist 21 Jahre alt, der jüngere 15.)

Hier könnte man genauso gut auch sagen:
Ho due figli: **il maggiore** ha 21 anni, **il minore** ne ha 15.

In diesem Satz kann man beide Formen verwenden, da hier die Adjektive *grande* un *piccolo* im übertragenen Sinne gebraucht werden (*grande* bzw. *piccolo* beziehen sich nicht auf die Größe, sondern auf das Alter der Kinder!).

La tua casa è **più grande** della mia.
(Deine Wohnung ist größer als meine.)

In diesem Satz kann hingegen die lateinische Form nicht benützt werden, da hier das Adjektiv *grande* nicht im übertragenen Sinne, sondern mit seiner realen Bedeutung gebraucht wird.

All'estero si impara una lingua con la **minima** fatica.
(Im Ausland lernt man eine Sprache mit der geringsten Mühe.) = *übertragener Sinn von piccolo*

Quella macchina è **piccolissima**.
(Das Auto da ist sehr klein.) = *reale Bedeutung von piccolo.*

unità 21

Una storia

UNITÀ 21 - *UNA STORIA*

WORTSCHATZ

parte a	**A-Teil**
nevicare	schneien
focolare (il)	Herd
dinosauro (il)	Dinosaurier
dominare	beherrschen
prendere origine	stammen
origine (l'), f.	Herkunft
rettile (il)	Reptil
tirannosauro (il)	*Tyrannosaurus*
bipede (il)	Zweifüßer
biondo	blond
bruno	schwarzhaarig
castano	dunkelblond
marito (il)	Ehemann
in età da marito	in heiratsfähigem Alter
principe (il)	Prinz
uffa!	uff
orecchio (l'), pl.: le orecchie	Ohr
distinto	vornehm
drogato	mit Drogen versetzt
derubare	bestehlen
accontentarsi	sich zufriedenstellen
atmosfera (l')	Stimmung

parte b	**B-Teil**
tirare vento	windig sein, ziehen
apparecchiare	decken (Tisch)
novella (la)	Novelle, Kurzgeschichte
favola (la)	Tiergeschichte
regina (la)	Königin
cancello (il)	Gartentor
bandito (il)	Bandit
nei confronti di	gegenüber
prendere a ... (+ Inf.)	anfangen
narrare	erzählen
soldato (il)	Soldat
penicillina (la)	Penizillin
inventare	erfinden
pila (la)	Batterie
telegrafo (il)	Telegraph
astronomo (l')	Astronom
Babilonese (il)	Babilonier
navigatore (il)	Seefahrer
Fenici (i)	Phoenizier
matematico (il)	Mathematiker
astronauta (l'), m. e f.	Raumfahrer, -in
conquistatore (il)	Eroberer
nascondere	verstecken
contadino (il)	Bauer
consenso (il)	Konsens, Zustimmung
rappresentazione (la)	Vorstellung
pubblico (il)	hier: Zuschauer
indietro	zurück
avviso (l')	Mitteilung
fare freddo	kalt sein
al volo	im Flug, sofort
essere di turno	an der Reihe sein
fare un'ottima figura	eine sehr gute Figur machen
venire con l'autostop	per Anhalter kommen
prestito (il)	hier: Kredit
a mezza bocca	undeutlich, unklar
diario (il)	Tagebuch
a prima vista	beim ersten Blick
vincere un terno al lotto	das große Los gewinnen
terno (il)	drei Zahlen im Lotto
lotto (il)	Lotto
perdere conoscenza	in Ohnmacht fallen
rendere pan per focaccia	Gleiches mit Gleichem vergelten
ridere a crepapelle	sich totlachen
azione conclusa (l')	abgeschlossene Handlung
oggettivamente	objektiv
considerare	beachten, betrachten
influenza (l')	Einfluß
relazione (la)	Bezug, Beziehung
narrazione (la)	Erzählweise
regolare / regolarmente	regelmäßig

finale / finalmente	endlich
essere sufficiente	genügen, reichen
vuol dire	das heißt
racconto avventuroso (il)	Abenteuergeschichte
racconto fantastico (il)	Phantasieerzählung
tutto d'un fiato	in einem Zug
casa editrice (la)	Verlag
noia (la)	Langeweile
che barba!	wie langweilig!
approfittare	die Gelegenheit nutzen
vicenda (la)	Begebenheit, Geschichte
paziente	geduldig
essere disponibile	zur Verfügung stehen
perfettamente	vollkommen
informare	informieren
lettura (la)	Lektüre
bevanda (la)	Getränk
incantare	bezaubern
deserto (il)	Wüste
anziano (l')	älterer Mann

parte c	**C-Teil**
indipendenza (l')	Unabhängigkeit
impero (l')	Kaiserreich
territoriale	Gebiets..., Landes...
monarchia costituzionale (la)	konstitutionelle Monarchie
liberale	liberal
quinquennale	fünfjährlich, alle fünf Jahre
suffragio (il)	Wahl, Abstimmung
restringere (ristretto)	hier: begrenzen, einschränken
in base a	gemäß
censo (il)	Vermögen, Einkommen
evoluzione (l'), f.	Entwicklung
ritardato	verspätet
causare	verursachen, veranlassen
rivoluzione (la)	Revolution
vitale	lebendig, lebensfähig
essere vitale	bestehen, leben
ben prima	schon vorher
industrializzazione (l'), f.	Industrialisierung
guerra mondiale (la)	Weltkrieg
fronte (il)	Front
squilibrio (lo)	Mißverhältnis
rimanere fermo	stillstehen, stillbleiben
sfruttamento (lo)	Ausbeutung, Ausnützung
emigrare	auswandern
emigrazione (l'), f.	Answanderung, Emigration
fonte (la)	Quelle
produrre	hier: verursachen
movimento operaio (il)	Arbeiterbewegung
operaio	Arbeiter..., Arbeits...
contadino	Bauern...
avere due volti contrastanti	zwei Gesichter haben
contrastante	gegensätzlich
esprimersi	hier: sich entfalten
politicamente	politisch
combattere	kämpfen
decisivo	entscheidend
colossale	kolossal, groß
sforzo (lo)	Anstrengrung
finanziario	finanziell
mobilitazione (la)	Mobilmachung
globale	global, ganzheitlich
tramontare	untergehen, vergehen, verschwinden
emergere	erscheinen, hervorragen
slancio (lo)	Schwung
sullo slancio	im Schwung
onda (l')	Welle
diffondersi	sich ausbreiten
avvento (l')	Machtübernahme
riflusso (il)	Rückfluß, Rückgang
dovunque	überall
svanire	verschwinden, entschwinden
ceto medio (il)	Mittelstand
proprietario terriero (il)	Landbesitzer
nazionalista	nationalistisch
misto (il)	Mischung
rancore (il)	Groll
rabbia (la)	Ärger

alimentare	nähren, schüren, fördern
vittorioso	siegreich
squadra (la)	Mannschaft, hier: Kommando
marcia (la)	Aufmarsch
faticosamente	mühevoll
postbellico	Nachriegs...
essere in grado	können, in der Lage sein
esercito (l')	Heer
burocrazia (la)	Bürokratie
fiancheggiare	unterstützen
ingresso (l')	hier: Einzug
chiamare al potere	an die Macht rufen
ventennio (il)	Zeitraum von zwanzig Jahren
accogliere	empfangen
incaricare	beauftragen
caratterizzarsi	gekennzeichnet werden
autoritario	autoritär
poliziesco	polizeilich
paternalista	paternalistisch
tendenzialmente	tendenziell
autarchico	autarkisch, autark
pilitica estera (la)	Außenpolitik
immettere	einführen, Eintritt gewähren
milizia (la)	Miliz, Armee
nonché	und auch
attento	aufmerksam, genau
strumento (lo)	Mittel, Instrument
comunicazione di massa (la)	Massenkommunikation
integrazione (l'), f.	Integration
spina dorsale (la)	Rückgrat
conquista (la)	Eroberung
guerra civile (la)	Bürgerkrieg
capo (il)	Führer
temibile	zu befürchten
rapidamente	schnell
materialmente	materiell
costituzione (la)	Verfassung
ispirare	hier: sich bekennen
abbandonare	verzichten, aufgeben
grandezza (la)	Größe
vivacità (la)	Lebendigkeit
in senso	im Sinne
nettamente	gänzlich

europeistico	europäistisch
atlantico	atlantisch
padre della patria (il)	Landesvater
leggendario	legendär
spedizione dei Mille (la)	Zug der Tausend
impresa (l')	Unternehmung
fertile	fruchtbar
povertà (la)	Armut
tremendo	hier: gewaltig
contrasto (il)	Gegensatz
terreno favorevole	hier: Nährboden
liberare	befreien
alleati (gli)	Alliierten
attivamente	aktiv
orientarsi	sich orientieren
massiccio	massiv

GRAMMATIK

I.

Passato Remoto (historisches Perfekt)

Eine Übersicht über die regelmäßigen und unregelmäßigen Formen des historischen Perfekts finden Sie in Ihrem Lehrbuch auf S.480/481.
Die Endungen des historischen Perfekts sind für alle regelmäßigen Verben gleich. Man hängt sie an die *Infinitivform* des Verbs an, wobei vorher die beiden Endbuchstaben *-re* gestrichen werden müssen:

anda-*re*	anda-**i**
teme-*re*	teme-**i**
capi-*re*	capi-**i**

Die Verben auf *-are* und *-ire* bilden das historische Perfekt meistens regelmäßig. Dazu gibt es nur wenige unregelmäßige Verben: *stare, dare, fare, dire* (siehe S. 4 80/481 Ihres Lehrbuchs).

Essere hat eigene Formen (siehe S.480 des Lehrbuchs).

Die Verben auf *-ere* sind fast alle *unregelmäßig*. Dabei besteht die Unregelmäßigkeit nicht für alle Personen, sondern nur für die *1.* und *3. Person Singular* (*io, lui / lei*) und die *3. Person Plural* (*loro*). Beachten Sie:

conoscere	**conobbi** (1.P.Sg.)
	conobbe (3.P.Sg.)
	conobbero (3.P.Pl.)

Wie man sieht, weicht der Stamm des historischen Perfekts (*conobb-*) von dem des Infinitivs (*conosc-*) ab.

Bei den unregelmäßigen Verben endet die *1. Person Singular* (*io*) immer auf **-i**, die *3.P.Singular* (*lui / lei*) immer auf **-e** und die *3.P.Plural* (*loro*) immer auf **-ero**.

Um ein unregelmäßiges Verb im historischen Perfekt zu konjugieren, braucht man sich nur die *1. Person Singular* zu merken. Die *3. Person Singular* und *Plural* kann man von dieser ableiten, die anderen vom Infinitiv. So erfolgt z.B. die Konjugation von *conoscere*:

conobbi	
	conosc-**esti**
conobbe	
	conosc-**emmo**
	conosc-**este**
conobbero	

Auch die wenigen regelmäßigen Verben auf *-ere* weisen eine Ähnlichkeit mit den unregelmäßigen auf, da sie für die Formen *io, lui/lei, loro* zu den üblichen Endungen noch eine andere haben.
Vergleichen Sie:

temei	oder	**temetti**
temè	oder	**temette**
temerono	oder	**temettero**

Wenn man nun ein regelmäßiges Verb auf *-ere* auf diese Art konjugiert, geschieht dasselbe wie bei einem unregelmäßigen Verb: Die *1.* und *3. Person Singular* und die *3. Person Plural* haben den gleichen Stamm, für die übrigen Formen (*tu, noi, voi*) gelten der Infinitivstamm und die regelmäßigen Endungen.

Das *passato remoto* und das *passato prossimo* drücken (im Gegensatz zum Imperfekt: vgl. Lektion 9 S. 80), beide abgeschlossene Handlungen aus, die in einer fernen bzw. nahen Vergangenheit zurückliegen. Hierbei lassen sich schwer die Grenzen zwischen dem Gebrauch des *passato remoto* und des *passato prossimo* ziehen, denn oft benutzt man für weit zurückliegende Handlungen das *passato prossimo* und für noch naheliegende das *passato remoto*. Wird die Handlung objektiv gesehen bzw. hat sie für den Sprechenden keinen Einfluß auf die Gegenwart, hat er sozusagen Distanz zu den Vorgängen, dann wird das *passato remoto* gebraucht.

Due anni fa io e tua nonna **andammo** a Parigi.
(Vor 2 Jahren fuhren deine Oma und ich nach Paris.)

Hat die vergangene Handlung jedoch noch eine Beziehung zur Gegenwart, dann wird *passato prossimo* gebraucht.

Cinquant'anni fa **sono andato** a Londra. Ci **sono rimasto** tre mesi e quando l'**ho lasciata**, un po' del mio cuore **è restato** ed è ancora là.
(Vor fünfzig Jahren bin ich nach London gefahren. Ich bin dort drei Monate geblieben, und als sich weggefahren bin, ist ein Stück meines Herzens zurückgeblieben - und dort ist es immer noch).

Manchmal möchte sich der Sprechende einfach gewählter ausdrücken:

Il mese scorso **andai** a Firenze a trovare un amico.
(Vorigen Monat fuhr ich nach Florenz, um einen Freund zu besuchen.)

Man könnte hier auch sagen:
Il mese scorso **sono andato/a** a Firenze a trovare un amico.

Für Vorgänge, die in einer sehr nahen Vergangenheit geschehen sind, darf man keineswegs das *passato remoto* gebrauchen:

Un'ora fa **ha telefonato** Piero.
(Vor einer Stunde hat Piero angerufen.)

L'altro ieri **è arrivata** una nuova studentessa.
(Vorgestern ist eine neue Studentin angekommen.)

Für den Gebrauch des *passato remoto* und *passato prossimo* sind auch regionale Unterschiede maßgebend: im Süden gebraucht man fast nur *passato remoto*, im Norden praktisch nur *passato prossimo*.

Das *passato remoto* ist die typische Zeitform der literarischen Erzählung.

C'era una volta un re che aveva tre figlie. Un giorno **arrivò** al castello un principe, **bussò** e **domandò** di parlare con il re.
(Es war einmal ein König, der drei Töchter hatte. Eines Tages kam ein Prinz zum Schloß, klopfte an und verlangte, mit dem König zu sprechen.)

Trapassato Remoto

Das *trapassato remoto* gibt es im Deutschen als eigene Zeitform nicht. Es entspricht dem deutschen *Plusquamperfekt*.
Es wird mit den Formen des *historischen* Perfekt von *essere* bzw. *avere + Partizip Perfekt* der jeweiligen Verben gebildet. Es drückt eine Vorzeitigkeit gegenüber einer anderen Handlung im *passato remoto* aus. Dabei müssen zwei Bedingungen erfüllt sein:

a) es muß in *Nebensätzen* stehen, die mit *appena, quando*, oder *dopo che* eingeleitet werden (Temporalsätze),

b) die *Haupthandlung* muß im *historischen Perfekt* stehen.

Le **telefonai** *appena* **ebbi ricevuto** la sua lettera.
(Ich rief sie an, sobald ich ihren Brief erhalten hatte.)

Che cosa **facesti** *dopo che* **fosti arrivata** a Roma?
(Was machtest du, nachdem du in Rom angekommen warst?)

Sind die beiden Bedingungen nicht erfüllt, so steht kein *trapassato remoto* sondern *trapassato prossimo:*

Non **ho studiato** perché **avevo lasciato** il libro a scuola.
(Ich habe nicht gelernt, denn ich hatte das Buch in der Schule liegen lassen.)

Da die genannten Voraussetzungen oft nicht alle gleichzeitig auftreten, kann das *trapassato remoto* nur sehr selten verwendet werden.

II.

Adjektiv / Adverb

Das *Adjektiv* drückt die *Eigenschaft* einer *Person* oder *Sache* aus, während das *Adverb* die *Art* und *Weise* erklärt, wie eine Handlung durchgeführt wird.

Das *Adverb* wird im Italienischen durch Anhängen von der Endsilbe *-mente* an das *Adjektiv* gebildet. Dabei ist zu beachten, daß man bei den Adjektiven auf *-o* zuerst die weibliche Form auf *-a bildet*; bei den Adjektiven auf *-e* hängt man *-mente* einfach an, bei den Adjektiven auf *-le* entfällt der Vokal *-e*.

chiar-*o*	chiar-**a-mente**
veloc-*e*	veloc-**e-mente**
faci-*le*	facil **-mente**

Buono und *cattivo* haben eigene Adverbialformen:

buono	**bene**
cattivo	**male**

Manchmal ist die Form des Adjektivs mit der des Adverbs identisch:

Questo treno è **veloce**. (Dieser Zug ist schnell.)

Non guidare troppo *veloce*. (Fahre nicht zu schnell.)

unità 22

Scoperta archeologica

UNITÀ 22 - *SCOPERTA ARCHEOLOGICA*

WORTSCHATZ

parte a	**A-Teil**
forma passiva (la)	Passivform
scoperta (la)	Entdeckung
necropoli (la)	Nekropole, Gräberstadt
guida (la)	Fremdenführer
collinetta (la)	kleiner Hügel
diametro (il)	Durchmesser
altezza (l')	Höhe
pietra (la)	Stein
sepoltura (la)	Grabstätte
ritrovare	finden
escludere	ausschließen
tumulo (il)	Hügelgrab, Grabhügel
camera sepolcrale (la)	Grabkammer
basarsi	fußen, gründen
previsione (la)	Voraussage
esperto (l')	Kenner, Experte
monumento funebre (il)	Grabdenkmal
funebre	Grab...
in occasione di	anläßlich
convegno (il)	Tagung
archeologia (l')	Archeologie
ritrovamento (il)	hier: Entdeckung
definire	bezeichnen
individuo (l')	Wesen
maschio	männlich
arco di tempo (l')	Zeitspanne
scavo (lo)	Ausgrabung
sospendere	unterbrechen

parte b	**B-Teil**
illustrare	darstellen
congresso (il)	Kongress
tavola rotonda (la)	Podiumsdiskussion
riprendere	wiederaufnehmen
bronzo (il)	Bronze
orecchino (l')	Ohrring
pendaglio (il)	Anhänger
candelabro (il)	Kerzenleuchter
chimera (la)	Chimere
argenteo	silbern
all'interno	im Inneren
vigile (il)	Verkehrspolizist
traffico (il)	Verkehr
viaggiatore (il)	Reisender
chiamare	rufen
inaugurare	einweihen
fiera (la)	Messe
premiare	auszeichnen
dipendente (il)	Arbeitnehmer
colpevole (il)	hier: Täter
assemblea (l')	Versammlung
idraulico (l')	Installateur, Spengler
ostacolare	behindern, hindern
ricercare	fanden nach
stimare	schätzen
invidiare	beneiden
operazione (l'), f.	hier: Geschäft
data (la)	Datum
completare	fertigstellen, vervollständigen
definire	festsetzen
battere a macchina	tippen (Schreibmaschine)
a fondo	gründlich
circostanza (la)	Umstand
valutare	schätzen
con cura	sorgfältig
cura (la)	Sorgfalt
a fuoco lento	bei mäßiger Hitze
buffo	lustig
strano	komisch, seltsam
eccellente	ausgezeichnet
appunto (l')	Notiz
dato (il)	Angabe, Daten
acquedotto (l')	Wasserleitung
fuggire	fliehen
notevolmente	hier: sehr, besonders
ospitare	als Gast aufnehmen
essere ospitato	zu Gast sein
ciò	dies
accettare	annehmen
assegno circolare (l')	Barscheck
fare credito	Kredit einräumen
riprovevole	tadelswert, verwerflich

comitiva (la)	Gruppe
significativo	bedeutend
indifferenza (l')	Gleichgültigkeit
e con ciò?	ja und?
fregarsene	sich scheren
infischiarsene	auf etwas pfeifen
risalente	zurückreichend
scortecciatura (la)	Abheben
sepolcrale	Grab...
soprintendente (il, la)	Oberintendant, -in
laziale	des Latiums
materiale (il)	Material
testimonianza (la)	Zeichen, Zeugnis
antico	alt
civiltà (la)	Kultur, Zivilisation
riflessione (la)	Überlegung
segno (il)	Zeichen
resto (il)	Rest
patrimonio (il)	Vermögen
valorizzare	werten
diario (il)	hier: Erinnerungen

parte c — **C-Teil**

guado (il)	Furt, Weg
pastore (il)	Schäfer
mercante (il)	Händler
visibile	sichtbar
incrociarsi	sich kreuzen
incrocio (l')	Kreuzung
unire	verbinden
terra (la)	Land
distanza (la)	Entfernung
salto nel passato (il)	Sprung in die Vergangenheit
volo (il)	Flug
misurare	messen
vastità (la)	Größe, Ausdehnung
metropoli (la)	Metropole
scheletro (lo)	Gerippe
privo di	arm an, ohne, ...los
privo di marmi	ohne Marmor
frammento (il)	Fragment
cespuglio (il)	Busch
piantare	pflanzen
al posto di	an Stelle von
rudere (il)	Überreste
capanna (la)	Hütte
infiggere	einsetzen
buco (il)	Loch
palo di sostegno (il)	Stützpfeiler
abitazione (l')	Wohnstätte
nucleo (il)	Kern
dimora (la)	Aufenthaltsort
solenne	feierlich
tavola di pietra (la)	Steintafel
ove	wo
mescolarsi	sich mischen
confondersi	sich vermengen
fortilizio (il)	kleine Festung
incanto (l')	Zauber
sopravvivenza (la)	Überleben

GRAMMATIK

I.

Ins **Passiv** kann jedes *transitive Verb* gesetzt werden. *Transitiv* ist ein Verb, das ein *direktes Objekt* haben kann (nach dem man die Frage *chi*? bzw. *che cosa*? stellen kann), und das mit dem Hilfsverb *avere* konjugiert wird.

Il meccanico	ripara	la macchina.	*Aktive Form*
La macchina	**è riparata**	dal meccanico.	*Passive Form*

Das *Passiv* wird mit dem *Hilfsverb essere + Partizip Perfekt* gebildet. Das *Partizip Perfekt* muß mit dem *Subjekt* des Satzes *übereinstimmen*. Die Zeiten des Hilfsverbs in der passiven Form entsprechen den Zeiten des Verbs in der aktiven Form. Das Subjekt des aktiven Satzes wird Urheber im passiven Satz und wird durch die Präposition *da* eingeleitet.

Vergleichen Sie:

Il professore ha spiegato la lezione. (Der Lehrer hat die Lektion erklärt.)	*Aktive Form*
La lezione **è stata spiegata dal professore**. (Die Lektion ist vom Lehrer erklärt worden.)	*Passive Form*
Il dottore curerà i malati. (Der Arzt wird die Kranken behandeln.)	*Aktive Form*
I malati **saranno curati dal** dottore. (Die Kranken werden vom Arzt behandelt.)	*Passive Form*

In den einfachen Zeiten (*Präsens, Imperfekt, Zukunft I, Konditional I, Konjunktiv Präsens* und *Imperfekt*) kann das Verb *venire* anstelle von *essere* verwendet werden. Auf S. 502 Ihres Lehrbuchs finden Sie eine Übersicht über die *Passivform*.

Vergleichen Sie:

essere	*venire*
La medicina **è ordinata** *dal medico*. (Das Medikament wird vom Arzt verschrieben.)	La medicina **viene ordinata** *dal medico*.
I concerti **erano** sempre **diretti** *da* lui. (Die Konzerte wurden immer von ihm dirigiert.)	I concerti **venivano** sempre diretti *da* lui.

Beachten Sie:

L'America **è stata scoperta** da Colombo.
(Amerika ist von Kolumbus entdeckt worden.)

Hier kann nur das Hilfsverb *essere* für die passive Form verwendet werden, da die Handlung nicht in einer einfachen Zeit steht.

Nicht immer entspricht die *Passivform* der aktiven. Wenn man folgende Sätze miteinander vergleicht

Gli studenti hanno apprezzato la conferenza del professore.
(Die Studenten haben den Vortrag des Professors geschätzt.)

La conferenza del professore è stata apprezzata dagli studenti.
(Der Vortrag des Professors ist von den Studenten geschätzt worden.)

so sieht man, daß je nachdem, wo die Akzente gesetzt werden, je nachdem, was im Vordergrund steht, die aktive bzw. die passive Form gewählt wird. In dem aktiven Satz liegt der Akzent eher auf der Begeisterung der Studenten, im passiven Satz steht der Vortrag eher im Vordergrund. In anderen Fällen kann nur das *Passiv* gebraucht werden, wenn man zum Ausdruck bringen will, daß jemand (oder etwas) die Handlung "erleidet", statt sie auszuführen:

Il ladro **è stato visto** fuggire in moto.
(Der Dieb ist gesehen worden, wie er mit dem Motòrrad floh.)

Il politico **è stato ferito** da un fanatico.
(Der Politiker ist von einem Fanatiker verletzt worden.)

Stehen *Personalpronomen* des *direkten Objekts* im aktiven Satz, so *entfallen* sie im *Passiv*. Vergleichen Sie:

Chi **mi** ha invitato?
Da chi sono stato invitato?

(Wer hat mich eingeladen?)
(Von wem bin ich eingeladen worden?)

E' una bravissima persona: **la** adorano tutti.
E' una bravissima persona: è adorata da tutti.

(Sie ist eine tolle Person: alle lieben sie.)
(Sie ist eine tolle Person: sie wird von allen geliebt.)

Chi ve **l'**ha detto?
Da chi vi è stato detto?

(Wer hat es euch gesagt?)
(Von wem ist es euch gesagt worden?)

Enthält der aktive Satz die *Modalverben potere* bzw. *dovere*, ist bei der Umwandlung zum *Passiv* folgendes zu beachten:

1. Das *Modalverb* stimmt mit dem *Subjekt* des *passiven Satzes* überein;
2. Der *Infinitiv* des *aktiven Satzes* wird zum *passiven Infinitiv*:

scrivere	essere scritto
finire	essere finito

3. Das *Partizip Perfekt* wird in *Geschlecht* und *Zahl* dem *Subjekt* des *passiven Satzes* angeglichen.

Verlgeichen Sie folgende Sätze:

Devi scrivere a macchina questa lettera.
(Du sollst diesen Brief mit der Schreibmaschine schreiben.)

Questa lettera **deve essere scritta** a macchina.
(Dieser Brief soll mit der Schreibmaschine geschrieben werden.)

Potrai finire questi lavori stasera.
(Du wirst diese Arbeiten heute abend beenden können.)

Questi lavori **potranno essere finiti** stasera.
(Diese Arbeiten werden heute abend beendet werden können.)

Das *Modalverb dovere* kann im passiven Satz durch das Verb *andare* ersetzt werden: in diesem Fall wird nur die *3. Person Singular* bzw. *Plural* von *andare* verwendet und *essere* entfällt. Vergleichen Sie:

Questa lettera *deve essere* scritta.
Questa lettera **va** scritta.
(Man muß diesen Brief schreiben.)

Questi lavori *devono essere* finiti.
Questi lavori **vanno** finiti.
(Diese Arbeiten müssen beendet werden.)

Das *Passiv* kann auch durch die *unpersönliche si-Konstruktion* ausgedrückt werden. Dabei stimmt das Verb mit dem Objekt (= Subjekt des Passivsatzes) überein, je nachdem, ob es im Singular des im Plural steht:

Si vende un appartamento in via Verdi 13.
(In der Via Verdi 13 wird eine Wohnung verkauft. / Man verkauft eine Wohnung...)

Si compra**no** poch**i** giornal**i** in Italia.
(In Italien werden wenige Zeitungen gekauft. / Man kauft wenige Zeitungen...)

unità 23

In autostrada

UNITÀ 23 - *IN AUTOSTRADA*

WORTSCHATZ

parte a	**A-Teil**
discorso diretto (il)	direkte Rede
discorso indiretto (il)	indirekte Rede
umoristico	humorvoll
dialogo (il)	Dialog
casello (il)	Mautstelle
bigliettaio (il)	hier: Kassierer
piazzale (il)	Platz
deserto	hier: leer
balbettare	stottern
appunto	eben
negare	abstreiten
secondo Lei	Ihrer Meinung nach
confuso	durcheinander
concludere	hier: schließlich sagen
accidenti	verflixt
trarre (io traggo)	entnehmen

parte b	**B-Teil**
gremito	überfüllt
nervoso	nervös
fare notare	aufmerksam machen
protestare	protestieren
ammettere	zugeben
obiettare	einwenden
matto	verrückt
esclamare	ausrufen
brontolare	brummen
direzione (la)	Leitung, Direktion
scadenza (la)	Ablauf
mandato (il)	Mandat
accorgersi	merken
quanto prima	so bald wie möglich
urlare	schreien
prendere nota	notieren
fare silenzio	schweigen
dichiarazione (la)	Aussage
promessa (la)	Versprechen
mutamento (il)	Änderung
modo (il)	Modus
trasposizione (la)	Umwandlung
implorare	anflehen
dichiarare	aussagen, sagen, erklären
passaggio (il)	Übergang
impermeabile (l') m.	Trenchcoat, Regenmantel
unisex	unisex
tipo (il)	Typ
pretesa (la)	Forderung
incantevole	zauberhaft
uscita	Ausfahrt
tratto (il)	Abschnitt
pigiare	drücken
pulsante (il)	Knopf
scontrino di pedaggio (lo)	Mautkarte
autogrill (l'), m.	Raststätte
sosta (la)	Halt, Aufenthalt
dare una sosta	halten
esplicitare	erklären
interlocutore (l')	Gesprächspartner
fare notare	merken lassen
garbo (il)	Freundlichkeit
fare sforzi	sich anstrengen
intendere	begreifen
risentito	gekränkt
voltare le spalle	den Rücken kehren
incredulo	mißtrauisch, ungläubig
sguardo (lo)	Blick
curioso	hier: seltsam, komisch
eccentrico	exzentrisch
comportamento (il)	Verhalten
educato	höflich
prepotente	rechthaberisch
arrogante	arrogant
profilo psicologico (il)	psychologisches Profil
serrato	hier: lebhaft
bisticciare	streiten

parte c	**C-Teil**
diretto	auf dem Weg
emigrante (l'), m. e f.	Auswanderer
imbarco (l')	Einschiffung

apparire	erscheinen, scheinen
esodo (l')	Exodus
biblico	biblisch
giungla (la)	Urwald
brasiliano	brasilianisch
foresta (la)	Wald
umido	feucht
cercatore d'oro (il)	Goldgräber
nerbo (il)	Peitsche, hier: Kraft
fiero	stolz
amante latino (l')	Latin-Lover
paesano (il)	hier: Mitbürger
farsi onore	den Durchbruch schaffen
gangster (il)	Gangster
condannare	verurteilen
omicidio (l')	Mord
ingiustamente	zu Unrecht
commuovere	rühren, bewegen
esemplare	beispielhaft
il più popolare	meistbekannt
sindaco (il)	Bürgermeister
scultura (la)	Skulptur
collettività (la)	hier: Gemeinschaft
ridursi	sich verringern
lunghezza (la)	Länge
capacità posti (la)	Platzkapazität
velocità di crociera (la)	Fluggeschwindigkeit
proprietario (il)	Besitzer
latifondista (il, la)	Großgrundbesitzer
magistrato (il)	Richter
baia (la)	Bucht
immigrato (l')	Einwanderer
proprietà (la)	Besitz
struttura d'acciaio (la)	Stahlstruktur
disagevole	unbequem
compiersi	erfolgen
sconosciuto	unbekannt
incontrare	begegnen, zustoßen
fisica (la)	Physik

GRAMMATIK

Die **indirekte Rede** hängt immer von einem Verb ab, das eine Aussage, eine Behauptung, ein Versprechen, eine Frage und Ähnliches ausdrückt.

Steht der *Hauptsatz* (= der einführende Satz) in der *Vergangenheit*, ergeben sich im Italienischen bei der Umwandlung der *direkten* in die *indirekte Rede* bestimmte grammatikalische Änderungen, die die Zeitformen und manchmal auch den Modus des Verbs betreffen. Hier seien nur einige erwähnt.

1. Der *Indikativ Präsens* wird zum *Imperfekt*:

Egli **disse**: "Non **posso** farci niente."
(Er sagte: "Ich kann nichts dafür".)

Egli *disse* che non **poteva** farci niente.
(Er sagte, er könne nichts dafür.)

2. Das *Perfekt* (*passato prossimo*) und das *historische Perfekt* (*passato remoto*) werden zum *Indikativ Plusquamperfekt* (*trapassato prossimo*):

Dichiarò: "**Ho fatto** il possibile."
(Er sagte: "Ich habe das Mögliche getan".)

Dichiarò che **aveva fatto** il possibile.
(Er sagte, er habe das Mögliche getan.)

Gridò: "Non **fui** io il responsabile".
(er schrie: "Ich war nicht der Verantwortliche".)

Gridò che non era stato lui il responsabile.
(Er schrie, daß er nicht der Verantwortliche gewesen war.)

3. Das *Futur I* und *Konditional I* werden zum *Konditional II*:

Comunicarono: "**Verremo** appena possibile."
(Sie teilten mit: "Wir werden sobald wie möglich kommen".)

Comunicarono che **sarebbero venuti** appena possibile.
(Sie teilten mit, daß sie sobald wie möglich kommen würden.)

Beachten Sie:

Hat sich die Aussage der direkten Rede zum *Sprechzeitpunkt* noch *nicht ereignet*, bleiben in der indirekten Rede das *Futur I* und das *Konditional I*:

Stamattina mi ha promesso: "**Telefonerò** domani."
(Heute früh hat sie mir versprochen, daß sie morgen anrufen werde.)

Stamattina mi ha promesso che **telefonerà** domani."
(Heute früh hat sie mir versprochen, daß sie morgen anrufen werde.)

Poco fa mi ha detto: "**Verrei** volentieri anch'io stasera."
(Vor kurzem hat sie mir gesagt: "Ich würde heute abend auch gerne mitgehen.")

Poco fa mi ha detto che **verrebbe** volentieri anche lei stasera.
(Vor kurzem hat sie mir gesagt, sie würde heute abend auch gerne mitgehen.)

4. Der *Imperativ* wird zum *Konjunktiv Imperfekt* oder zum *Infinitiv + di*:

Lei *implorò*: "**Aspetta** e **aiutami**."
(Sie flehte: "Warte und hilf mir".)

Lei *implorò* che **aspettassi** e la **aiutassi**.
(Sie flehte, daß ich warten und ihr helfen sollte.)

Lei mi *implorò* **di aspettare** e **di aiutarla**.
(Sie flehte mich an, zu warten und ihr zu helfen.)

Beim *Wechsel* von der *direkten* in die *indirekte Rede* können sich noch andere grammatikalische Änderungen ergeben, die die *Personalpronomen*, die *Possessivpronomen*, die *Demonstrativpronomen*, die *Zeit-* und *Ortsadverbien* usw. betreffen. Vergleichen Sie einige Beispiele:

a) Die *Personalpronomen io, tu, noi, voi* werden zu *lui/lei, loro:*

Mi disse: "L'ho fatto **io**."
(Er sagte mir: "Ich habe es getan.")

Mi disse che l'aveva fatto **lui**.
(Er sagte mir, er habe es getan.)

Beachten Sie: wenn *io, tu, noi, voi* gleichzeitig Hauptakteure und Erzähler sind, ändern sie sich nicht:

Gli diss**i**: "Non poss**o**, farci niente."
(Ich sagte ihm: "Ich kann nichts dafür.")

Gli diss**i** che non potev**o** farci niente.
(Ich sagte ihm, ich könne nichts dafür.)

Gli dic**emmo**: "**Siamo** stati noi."
(Wir sagten ihm: "Wir sind es gewesen.")

Gli dic**emmo** che **eravamo** stati noi.
(Wir sagten ihm, wir seien es gewesen.)

Die *Personalpronomen mi, ci* werden zu *lo / la, li / le*:

Mi pregò. "Aiuta**mi**!" (Er bat mich: "Hilf mir!")

Mi pregò di aiutar**lo**. (Er bat mich, ihm zu helfen.)

Die *doppelten Personalpronomen me lo* (*me la / me li / me le*), *ce lo* (*ce la / ce li / ce le*) werden zu *glielo* (*gliela / glieli / gliele*):

Mi ripeteva sempre: "Restituisci**melo**."
(Er sagte mir immer wieder: "Gib es mir zurück.")

Mi ripeteva sempre di restituir**glielo**.
(Er bat mich immer wieder, es ihm zurückzugeben.)

b) Die *Ortsadverbien qui* und *qua* werden zu *lì* und *là*:

Mi domandò: "Resti **qui**?"
(Er fragte mich: "Bleibst du hier?")

Mi domandò se restavo **lì**.
(Er fragte mich, ob ich dort bliebe.)

c) Die *Possessivpronomen mio, tuo, nostro, vostro* werden zu *suo* und *loro*:

Mi disse: "**Mio** figlio studia a Torino."
(Er sagte: "Mein Sohn studiert in Turin.")

Mi disse che **suo** figlio studiava a Torino.
(Er sagte, sein Sohn studiere in Turin.)

d) Der *adverbiale Zeitausdruck fra + ore* (*giorni / mesi* usw.) wird zu *dopo + ore* (*giorni / mesi* usw.):

Mi disse: "Verrò **fra un'ora.**"
(Er sagte mir: "Ich werde in einer Stunde kommen.")

Mi disse che sarebbe venuto **dopo un'ora**.
(Er sagte mir, er werde nach einer Stunde kommen.)

e) Das *Demonstrativpronomen questo* wird zu *quello*:

Disse: "**Questo** non è il mio cappotto."
(Er sagte: "Das ist nicht mein Mantel.")

Disse che **quello** non era il suo cappotto.
(Er sagte, das sei nicht sein Mantel.)

f) Das Verb *venire* wird zu *andare*:

Mi disse: "**Vieni** con me!"
(Er sagte mir: "Komm mit mir!")

Mi disse di **andare** con lui.
(Er sagte, ich solle mit ihm gehen.)

Beachten Sie: Wenn Hauptakteur und Erzähler identisch sind, ändert sich *venire* nicht:

Gli *dissi*: "**Vieni** con *me*!"
(Ich sagte ihm: "Komm mit mir!")

Gli *dissi* di **venire** con *me*.
(Ich sagte, er solle mit mir kommen.)

Anders als im Deutschen, wo es in der indirekten Rede auch möglich ist, "daß" wegzulassen, steht im Italienischen immer eine *Konjunktion* (*che* nach einem Verb der Aussage, *se* nach einem Verb der Frage) bzw. eine *Präposition* (*di + Infinitiv*) als Einleitung der indirekten Rede.

Mi disse:	"..........."
Mi disse che	....
Mi disse di	....
Domandò:	".........?"
Domandò se	....

Steht der *Hauptsatz* (=einleitender Satz) in der *Gegenwart* (*dice, risponde, domanda*), ändern sich **nur** die *Personalpronomen* und die *Possessivpronomen* während die *Zeit-* und *Ortsadverbien*, die *Zeitformen* und der *Modus* des Verbs gleichbleiben - mit Ausnahme des *Imperativs*, der immer zum *Infinitiv + di* wird:

Vergleichen Sie:

Mi **dice**: Canta con **me.**"
(Er sagt mir: "Sing mit mir!")

Mi **dice** di cantare con **lui**.
(Er sagt, ich solle mit ihm singen.)

unità 24

Don Abbondio

UNITÀ 24 - *DON ABBONDIO*

WORTSCHATZ

parte a	**A-Teil**
modo indefinito (il)	*(Infinitiv, Gerund, Partizip)*
i promessi sposi	die Verlobten
capitolo	Kapitel
lombardo	lombardisch
disgrazia (la)	Unglück
disavventura (la)	Mißgeschick
allontanare	in die Ferne rücken
matrimonio (il)	Hochzeit
provocare	verursachen
sofferenza (la)	Leiden
parroco (il)	Pfarrer
villaggio (il)	Dorf
bravi (i)	Räuber
celebrare le nozze	die Ehe schließen
nozze (le)	Eheschließung, Hochzeit
rientro (il)	Rückkehr
misericordia!	Oh, Gott!
signor padrone	mein Herr
ansante	atemlos
seggiolone (il)	Armstuhl
grave	schlimm
per amore del cielo!	um Himmels willen!
prendersi cura	sich sorgen
parere (il)	Meinung
vuotare	leeren
costretto	gezwungen
costringere	zwingen
ritto	aufrecht
dinanzi a	vor
rovesciare le mani sui fianchi	die Hände in die Hüften stemmen
fianco (il)	Hüfte
gomito (il)	Ellbogen
puntare	richten
guardare fisso	anstarren
pettegolezzo (il)	Klatsch, Klatscherei
schiamazzo (lo)	Lärm, Geschrei

parte b	**B-Teil**
sorridente	lächelnd
allungare	hier: strecken
seduto	sitzend
piegato	gebeugt
maldicenza (la)	übles Gerede
chiacchiera (la)	Geschwätz
segreto (il)	Geheimnis
insegnamento (l')	Lehre
apprendimento (l')	Lernen
nobilitare	adeln
preferito	Lieblings...
litigare	streiten
insultarsi	sich beschimpfen
a voce alta	laut
stracciare	reißen
ereditare	erben
somma (la)	Summe, Betrag
gesticolare	gestikulieren
fra sé e sé	unter sich
doccia (la)	Dusche
scivolare	ausrutschen
seguitare a	fortfahren mit
maltrattare	schlecht behandeln
congrettista (il, la)	Kongreßteilnehmer, -in
passare con il rosso	bei Rot fahren, bei Rot gehen
multa (la)	Strafe
prendere accordi	sich einigen
prendere sotto braccio	sich einhenkeln
rileggere	nochmals lesen
tasca (la)	Tasche
bibliotecario (il)	Bibliothekar
autobiografico	autobiographisch
minacciare	drohen
esclamazione (l'), f.	Ausruf
interrogazione (l'), f.	Frage, Befragung
merce (la)	Ware
compressa (la)	Tablette
istruzioni (le)	Anweisungen, Gebrauchsanweisungen
introdurre	einführen
verbo servile (il)	Hilfsverb

verbo modale	Modalverb
rimproverare	vorwerfen, tadeln
rovinare	ruinieren
comprensione (la)	Verständnis
tenero	hier: weich
forma implicita (la)	implizite Form
forma esplicita (la)	explizite Form
obbediente	gehorsam
brillante	brillant, hervorragend, fein
comandante (il)	Führer, Kapitän
assistente (l') m. e f.	Assistent, -in
avviso (l')	Bekanntmachung
palazzo (il)	hier: Gebäude
stabile (lo)	Gebäude
riprendere	wiederanfangen
mantenersi	für seinen Unterhalt sorgen
lavorare sodo	hart arbeiten
mucchio (il)	Haufen
coincidenza (la)	Zusammentreffen
simultaneità (la)	Gleichzeitigkeit
causa (la)	Ursache
risolvere	lösen
in omaggio	als Geschenk, geschenkt
prendere il via	starten, beginnen
episodio (l')	Episode
insignificante	unbedeutend
diffidare da	warnen, etwas nicht zu tun
benedire	segnen
riferire	berichten
consultare	nachsehen, nachschlagen
prendere in prestito	ausleihen
schedario (lo)	Katalog
schedario per argomento (lo)	Sachkatalog
schedario per autore (lo)	Verfasserkatalog
in tempo	rechtzeitig
sporcare	beschmutzen, verschmutzen
supplicare	anflehen
affezionato	treu, ergeben
domestica (la)	Haushälterin
tempesta (la)	Sturm
scuotere	zerren, heftig bewegen
breccia (la)	Bresche
aprire la breccia	hier: auf jdn. einwirken
atterrito	entsetzt, erschrocken
via d'uscita (la)	Ausweg
dare a credere	glauben lassen
terrorizzante	erschreckend

parte c	**C-Teil**
modesto	einfach, bescheiden
idealizzare	idealisieren
immagine ispiratrice (l')	inspirierendes Bild
agitare	bewegen
Divina Commedia (la)	Göttliche Komödie
canto (il)	Gesang
sconfiggere	besiegen
aspetto (l')	hier: Seite
fase (la)	Phase
autobiografia (l')	Autobiographie
poema (il)	Dichtung, Gedicht
inferno (l')	Hölle
purgatorio (il)	Fegefeuer
immaginario	imaginär
regno (il)	Reich
aldilà (l'), m.	Jenseits
prima	erst, zuerst
linguaggio (il)	Sprache
dialetto (il)	Dialekt
dannato (il)	Verdammte
poesia (la)	Gedicht
pensiero (il)	Gedanke
genio (il)	Genie
universale	universell
epoca (l')	Epoche
dorato	golden
clivo (il), *poet.*	Hang
olezzare, *poet.*	duften
tepido, *poet.*	(heute: tiepido) lauwarm
molle	weich
aura (l'), *poet.*	Luft
natale	Geburts...
atterrato	niedergerissen
membranza (la), *poet.*	Erinnerung
fatal, *poet.*	schicksalhaft

arpa (l')	Harfe
fatidico	weissagend
vate (il), *poet.*	Prophet
salice (il)	Weide
pendere	hängen
memoria (la)	Erinnerung
petto (il)	Brust
riaccendere	wieder anzünden
favellare, *poet.*	erzählen
simile	ähnlich
trarre (traggo)	nachschleppen, nachziehen
suono (il)	Laut, Gesang
crudo	hier: bitter, schmerzlich
lamento (il)	Klage
ispirare	inspirieren
concento (il), *poet.*	Harmonie
infondere	einflößen
patire	leiden
virtù (la)	Tugend

GRAMMATIK

Verbformen, die weder durch Person noch Numerus (*Singular bzw. Plural*) bestimmt sind, werden im Italienischen *forme implicite* genannt. Im Gegensatz dazu stehen die Personalformen - im Italienischen *forme esplicite* -, die durch Person, Numerus und Zeitform festgelegt werden.
Im Italienischen gehören zu den *forme implicite*: der *Infinitiv*, das *Partizip* und das *Gerundium*.

I.

Eine Übersicht über die verschiedenen Funktionen des **Infinitivs** finden Sie auf S. 542/543 Ihres Lehrbuchs.

Der **Infinitiv Präsens** wird im Italienischen gebraucht:

a) in *Aufrufen* und *Fragen*:

E' un peccato non **poter partire** oggi!
(Es ist schade, daß ich heute nicht abfahren kann!)

Pagare subito? Neanche per sogno!
(Ich soll sofort zahlen? Nicht einmal im Traum!)

b) als *Imperativ* im verallgemeinernden Sinne und als *verneinter Imperativ* der du-Form:

Prendere una compressa prima dei pasti.
(Eine Tablette vor den Mahlzeiten nehmen.)

Non partire!
(Fahre nicht ab!)

c) als *Substantiv*:

Non ho **il piacere** di conoscerla.
(Ich habe nicht das Vergnügen, sie zu kennen.)

d) als *substantivierte Verbform*:

Non sopporto questo **andare** e **venire**.
(Ich ertrage dieses Hin und Her nicht.)

e) als *Subjekt*:

Fumare troppo non fa bene alla salute.
(Zuviel zu rauchen ist für die Gesundheit schädlich.)

f) als *Objekt*:

Non amo **viaggiare**.
(Ich reise nicht gerne.)

g) mit *vorangestellten Präpositionen*:

Vado a preparare **da mangiare**.
(Ich gehe das Essen bereiten.)

h) mit einem *Modalverb*:

Posso trovare da solo la strada di casa.
(Ich kann alleine den Weg nach Hause finden.)

Der **Infinitiv Perfekt** (*infinito passato*) wird mit den Infinitivformen von *essere* bzw. *avere + Partizip Perfekt* der jeweiligen Verben gebildet. Er drückt eine Vorzeitigkeit gegenüber der Haupthandlung aus und kann anstelle von einer Personalform (Temporal - und Kausalsätzen) stehen:

Dopo **aver pranzato**, prendo un caffè.
(Nachdem ich zu Mittag gegessen habe, nehme ich einen Kaffee.)

Non ho passato l'esame per **aver studiato** troppo poco.
(Ich habe die Prüfung nicht bestanden, da ich zu wenig gelernt habe.)

Wenn der *infinito passato* mit *essere* gebildet wird, stimmt das *Partizip Perfekt* in Geschlecht und Zahl mit dem *Subjekt* überein:

Dopo **essere andata** a casa, **Luisa** ha mangiato.
(Nachdem Luisa nach Hause gegangen war, hat sie gegessen.)

Der *Infinitiv Perfekt* drückt eine Handlung aus, die vorzeitig gegenüber der Haupthandlung verläuft, egal ob sie im Präsens, in der Zukunft oder in der Vergangenheit steht:

a) Dopo aver pranzato, Dopo che ho pranzato,	*prendo* un caffè.	*Präsens*
b) Dopo aver pranzato Dopo che avrò pranzato,	*prenderò* un caffè.	*Futur*
c) Dopo aver pranzato, Dopo che avevo pranzato,	ho preso un caffe.	*Vergangenheit*

Beachten Sie:

FORMA IMPLICITA	FORMA ESPLICITA
dopo / per + Infinito Passato	dopo che / perché + zusammengesetzte Zeitform

Der Infinitiv Präsens drückt hingegen eine Gleich- bzw. Nachzeitigkeit gegenüber der Haupthandlung aus. Vergleichen Sie folgende Beispiele:

FORMA IMPLICITA	FORMA ESPLICITA
Penso di partire domani. (Ich gedenke, morgen abzufahren.)	Penso che partirò domani.
Sentivo i bambini gridare. (Ich hörte die Kinder schreien.)	Sentivo i bambini che gridavano.

FORMA IMPLICITA	FORMA ESPLICITA
di + infinito presente	*che + Personalform*

Beachten Sie:

Vedo i bambini giocare. (Ich sehe die Kinder spielen.)

Sentivo la gente gridare. (Ich hörte die Leute schreien.)

Ho ascoltato Maria suonare il piano.
(Ich habe Maria beim Klavierspielen zugehört.)

Steht im Hauptsatz ein Verb der *sinnlichen Wahrnehmung* (*vedere, sentire, ascoltare*), folgt im Nebensatz ein *Infinitiv*.

Steht im Hauptsatz *kein* Verb der Wahrnehmung, kann *kein* Infinitiv folgen:

Incontro Carlo *che passeggia*.
(Ich treffe Karl, während er spazierengeht.)

und **nicht**:

~~Incontro Carlo passeggiare.~~

II.

Eine Übersicht über die verschiedenen Funktionen des **Partizips** finden Sie auf S. 545/546 Ihres Lehrbuchs.

Das **participio presente** (im Deutschen durch die Endsilbe - *end* gebildet) endet im Italienischen auf *-ante* bzw. *-ente*, je nachdem, ob das Verb zu der *-are* oder *-ere* bzw. *-ire* - Konjugation gehört:

cantare	cant**ante**
assistere	assist**ente**
divertire	divert**ente**

Das **participio presente** wird im Italienischen mit den folgenden Funktionen gebraucht:

a) als *Adjektiv*

E' un film **divertente**.
(Es ist ein amüsanter Film.)

b) als *Substantiv*

Ho avuto dei bravi **insegnanti**.
(Ich habe gute Lehrer gehabt.)

c) als *Verb*

Gli studenti **frequentanti** il secondo semestre...
(Die das zweite Semester besuchenden Studenten...)

Da das *participio presente* als Verb häufig sehr formell bzw. offiziell klingt, zieht ihm die gesprochene Sprache einen Relativsatz vor. Vergleichen Sie:

Gli studenti *frequentanti* il secondo semestre...
Gli studenti **che frequentano** il secondo semestre...
(Die Studenten, die das zweite Semester besuchen...)

Das **Partizip Perfekt** wird im Italienischen gebraucht:

a) als *Adjektiv*

Ricordo con nostalgia il tempo **passato**.
(Ich erinnere mich mit Sehnsucht an die vergangene Zeit.)

b) als *Substantiv*

Gli **invitati** non sono ancora arrivati.
(Die Gäste sind noch nicht angekommen.)

c) als *Verb*, um die zusammengesetzten Zeitformen zu bilden.

Ho studiato l'italiano per due anni.
(Ich habe Italienisch zwei Jahre lang gelernt.)

Auch das *Partizip Perfekt* kann als *Nominalform* eine *Personalform* ersetzen. Vergleichen Sie folgende Sätze:

Uscito di casa, non disse più una parola.	*(forma implicita)*
Dopo che fu uscito di casa, non disse più una parola.	*(forma esplicita)*
(Nachdem er aus dem Haus gegangen war, sagte er kein Wort mehr.)	

Partita la zia, si mise a piangere.	*(forma implicita)*
Dopo che la zia *fu partita*, si mise a piangere.	*(forma esplicita)*
(Nachdem die Tante abgefahren war, fing er an zu weinen.)	

Je nachdem, ob das Verb *instransitiv* bzw. *transitiv* ist, stimmt das Partizip Perfekt in Geschlecht und Zahl mit dem Subjekt bzw. mit dem Objekt überein. Vergleichen Sie:

Partito Mario Partita la zia, Partiti gli amici, Partite le ragazze,	sono tornato a casa.

Finiti i compiti, Finito il lavoro, Finita la colazione, Finite le sigarette,	uscì.

Beachten Sie:

forma implicita:	Partizip Perfekt
forma esplicita:	dopo che + zusammengesetzte Zeitform

III.

Eine Übersicht über die Verwendung des **Gerundiums** können Sie auf den Seiten 546-548 Ihres Lehrbuchs finden.

Das *Gerundium* ist die letzte Nominalform und ist immer unveränderlich. Als Nominalform fehlt sie im Deutschen.
Im Italienischen wird das einfache *Gerundium* durch Anhängen der Endsilbe *-ando* (für die *-are* Verben), *-endo* (für die *-ere* und *-ire* Verben) an die *Infinitivform* gebildet, wobei die Endungen *-are*, *-ere*, *-ire* weggestrichen werden:

lavor*are*	lavor**ando**
legg*ere*	legg**endo**
dorm*ire*	dorm**endo**

Dire, fare, bere, ferner *porre* und seine Komposita (=Verbzusammensetzungen) sowie Verben auf *-urre* haben besondere Formen, die vom alten lateinischen Infinitiv abgeleitet werden.

dire	**dicendo**
fare	**facendo**
bere	**bevendo**
porre	**ponendo**
tradurre	**traducendo**

Es kann anstelle von unterschiedlichen Nebensätzen verwendet werden, die gegenüber dem Hauptsatz Gleichzeitigkeit ausdrücken. Es wird gebraucht:

a) *anstelle* eines *Modalsatzes* (im Deutschen durch "indem" eingeleitet):

Mi guadagno la vita **lavorando** sodo.
(Ich verdiene mir das Leben, *indem* ich hart arbeite.)

b) *anstelle* eines *Temporalsatzes* (im Deutschen durch "während" eingeleitet):

Lo incontrai **uscendo** di casa.
(Ich begegnete ihm, *während ich aus dem Haus ging.)*

c) *anstelle* eines *Kausalsatzes* (im Deutschen mit "weil" / "denn" ausgedückt:

Fumando e **bevendo** così ti rovinerai la salute.
(Du wirst deiner Gesundheit schaden, *denn* du rauchst und trinkst zu viel.)

d) *anstelle* eines *Konditionalsatzes* (im Deutschen durch "wenn" ausgedrückt:

Usando questo sistema, otterrai un buon risultato.
(Wenn du dieses System anwendest, wirst du ein gutes Ergebnis erzielen.)

Beachten Sie:

Das *einfache Gerundium* drückt eine Handlung aus, die gleichzeitig mit der Haupthandlung verläuft, egal ob sie im Präsens, im Futur oder in der Vergangenheit steht.

a) Lo incontro **uscendo** di casa. Lo incontro *quando esco* di casa.	*Präsens*
b) Lo incontrerò **uscendo** di casa. Lo incontrerò *quando uscirò* di casa.	*Futur*
c) Lo incontrai **uscendo** di casa. Lo incontrai *quando uscii* di casa.	*Vergangenheit*

Um das *Gerundium* zu verwenden, muß das *Subjekt* des *Nebensatzes* mit dem des *Hauptsatzes identisch* sein. Sind die Subjekte unterschiedlich, kann das Gerundium nicht verwendet werden.

Lo incontrai **uscendo** di casa.	(gleiches Subjekt: *io*)
Lo incontrai **che usciva** di casa.	(unterschiedliche Subjekte: *io* - *lui*)

Das **zusammengesetzte Gerundium** (*gerundio passato*) wird mit den Gerundiumformen von *essere* bzw. *avere* + *Partizip Perfekt* der jeweiligen Verben gebildet. Es drückt eine Vorzeitigkeit gegenüber der Haupthandlung aus und kann nur anstelle von Temporal- und Kausalsätzen stehen:

Avendo finito l'università mi cercherò un lavoro.
(Nachdem ich die Universität abgeschlossen haben werde, werde ich mir eine Arbeit suchen.)

Essendo arrivati in ritardo, non possiamo entrare.
(Da wir zu spät gekommen sind, dürfen wir nicht hineingehen.)

Das *zusammengesetzte* Gerundium drückt eine Handlung aus, die vorzeitig gegenüber der Haupthandlung verläuft, egal ob sie im Präsens, im Futur oder in der Vergangenheit steht.

a) *Präsens*

Avendo finito *Dopo che ho finito*	l'università, mi *cerco* un lavoro.

b) *Futur*

Avendo finito *Dopo che avrò finito*	l'università, mi *cercherò* un lavoro.

c) **Vergangenheit**

Avendo finito *Dopo che avevo finito*	l'università, mi *sono cercata* un lavoro.

Da das *zusammengesetzte Gerundium* in der gesprochenen Sprache zu schwerfällig ist, wird es häufig durch andere *Nominal-* und *Personalformen* ersetzt.

Beachten Sie:

Avendo finito **Dopo aver finito** **Finita** **Dopo che avevo finito**	l'università, mi sono cercata un lavoro.

Die *Personalpronomen* (rückbezüglich, direktes und indirektes Objekt, verschmolzene Pronomen, *ci* und *ne*) werden an den *Infinitiv*, das *Partizip Perfekt*, oder an das *Gerundium* angehängt:

Non ho il piacere di **conoscerla**.
(Ich habe nicht die Freude, sie zu kennen.)

Dopo **avergli** scritto, gli telefonò.
(Nachdem er ihm geschrieben hatte, rief er ihn an.)

Compratolo, cominciò subito a leggere quel libro interessante.
(Nachdem er es gekauft hatte, begann er sofort, das interessante Buch zu lesen.)

Bevendolo, ti accorgi che è un ottimo vino.
(Wenn du ihn trinkst, merkst du, daß es ein ausgezeichneter Wein ist.)

I miei amici sono andati al cinema a vedere un nuovo film; **avendolo** già visto, sono rimasta a casa.
(Meine Freunde sind ins Kino gegangen, um einen neuen Film zu sehen; da ich ihn schon gesehen hatte, bin ich zu Hause geblieben.)

Achten Sie auf folgende Formen:

stare per + Infinitiv Präsens drückt eine *Handlung* aus, die *noch nicht begonnen hat*, die aber *unmittelbar bevorsteht*:

Il treno **sta per partire**. (Der Zug *ist im Begriff, abzufahren.)*

Sto per uscire. (Ich *bin im Begriff, auszugehen.*)

Stare + einfaches Gerundium drückt den *momentanen Ablauf* einer *bereits begonnenen Handlung* aus:

Il treno **sta partendo**.	(Der Zug *fährt gerade ab.*)
Sto uscendo.	(Ich *gehe gerade weg.*)

Beachten Sie:

Il treno **sta partendo**.	(*è già in movimento*)
Il treno **sta per partire**.	(*non è ancora partito, ma partirà fra poco.*)

ALPHABETISCHES WÖRTERVERZEICHNIS

A

a capotavola 15c	auf dem Ehrenplatz, am Tischende
a causa di 14b	wegen
a condizione che 17b	unter der Bedingung, daß
a corte 13c	hier: zusammen
a fondo 22b	gründlich
a fuoco lento 22b	bei mäßiger Hitze
a mani vuote 19b	mit leeren Handen
a mezza bocca 21b	undeutlich, unklar
a misura d'uomo 16c	auf menschliche Maße
a patto che 17b	unter der Bedingung, daß
a prima vista 21b	beim ersten Blick
a proposito 16c	a propos
a questo scopo 17c	zu diesem Zweck
a sinistra 16b	links
a voce alta 24b	laut
abbandonare 17b	verlassen
abbandonare 21c	verzichten, aufgeben
abbellire (io abbellisco) 18c	verschönern
abbigliamento (l') 16b	Kleidung
abboccare 19b	anbeißen
abitazione (l') 22c	Wohnstätte
abito trecentesco (l') 15c	Gewand aus dem 14. Jahrhundert
abituarsi a 14b	sich gewöhnen
abusare 20c	mißbrauchen
accadere 13b	geschehen
accanto a 13c	neben
accettare 19c	anerkennen, billigen
accettare 22b	annehmen
accidenti 23a	verflixt
acciocché 17b	damit
accogliente 20b	gemütlich
accogliere 21c	empfangen
acconsentire 16b	zustimmen
accontentarsi 21a	sich zufriedenstellen
accorciare 16b	kürzen
accordo (l') 16b	Einverständnis
accorgersi 23b	merken
acquatico 17c	Wasser...
acquedotto (l') 22b	Wasserleitung
acquistare 16a	kaufen
acquisto (l') 16a	Kauf, Einkauf
adatto 16a	passend
affascinante 16c	verführerisch
affermare 13b	behaupten
affezionato 24b	treu, ergeben
affidare 17b	anvertrauen, übergeben
affidarsi 13b	sich anvertrauen
affinché 17b	damit
agile 19c	flink
agire (agisco) 20b	handeln, tun
agitare 24c	bewegen
agricoltura (l') 19c	Landwirtschaft
aguzzo 17a	spitz
al posto di 22c	an Stelle von
al volo 21b	im Flug, sofort
ala (l'), pl.: le ali 19b	Flügel
alcolico (l') 20c	alkoholisches Getränk
alcuno 13b	einige
aldilà (l'), m. 24c	Jenseits
alimentare 21c	nähren, schüren, fördern
alimentari (gli) 16b	Lebensmittel
alimentazione (l'), f. 20c	Ernährung
alla rovescia 19b	umgekehrt
allacciare 15a	anschnallen
alleanza (l') 14c	Allianz
alleati (gli) 21c	Alliierten
allegria (l') 19c	Fröhlichkeit
allestire (io allestisco) 17c	einrichten
allestire (io allestisco) 18b	vorbereiten, einrichten
allontanare 24a	in die Ferne rücken
allontanarsi 17a	sich entfernen
allungare 24b	hier: strecken
all'aperto 15c	im Freien
all'impazzata 15c	wie verrückt
all'interno 22b	im Inneren
all'ultimo respiro 15c	bis zum letzen Atemzug
alpino 17c	Alpen...
altezza (l') 22a	Höhe
alzare 16b	erheben
alzata (l') 15c	Emporheben
amabile 20c	lieblich
amante latino (l') 23c	Latin-Lover
amatore (l') 20c	Liebhaber
ambasciata (l') 13b	Botschaft
ambiente circostante (l'), m. 18c	Umgebung
ambiente naturale (l'), m. 17c	Natur, Naturbereich
ambiente (l'), m. 13b	Umgebung
ammalarsi 18b	krank werden
ammettere 23b	zugeben

amo (l') 19b	Angelhaken
analogia (l') 13c	Analogie, Ähnlichkeit, Entsprechung
anatra (l') 17b	Ente
andare a finire 18a	enden
andare bene 16a	gut passen
anestesia (l') 14b	Betäubung
animale da cortile (l'), m. 17b	Haustier
animale (l'), m. 17a	Tier
ansante 24a	atemlos
antico 22b	alt
antifascista 14c	antifaschistisch
antipartito (l') 14c	Gegenpartei
anzi 14c	sogar
anziano (l') 21b	ältere Mann
anziché 20c	statt
apertura (l') 13c	Eröffnungstitel
appannare 19c	trüben
apparecchiare 21b	decken (*Tisch*)
apparecchio (l') 16b	Apparat
apparente 17b	scheinbar
apparire 23c	erscheinen, scheinen
appassionato 15c	leidenschaftlich
appassionato 19a	begeistert
appiattimento (l') 19c	Verminderung
applaudire 18b	Beifall spenden
applicare 16c	anwenden
apprendere 16b	erfahren
apprendimento (l') 24b	Lernen
apprezzabile 16c	schätzenswert, wertvoll
apprezzare 16b	schätzen
approfittare 17b	nutzen, wahrnehmen
approfittare 21b	die Gelegenheit nutzen
approssimativo 14c	annährend, ungefähr
approssimazione (l'), f. 17c	Annäherung
approvazione (l'), f. 18b	Zustimmung
appunto 23a	eben
appunto (l') 22b	Notiz
aprire una breccia 24b	hier: auf jdn. einwirken
arbitrario 19c	willkürlich
archeologia (l') 22a	Archeologie
architetto (l') 16c	Architekt
arco di tempo (l') 22a	Zeitspanne
argenteo 22b	silbern
argento (l') 19c	Silber
aria di trionfo (l') 18b	Siegesarie
arma (l'), pl. le armi 19c	Waffe
armadio (l') 13b	Schrank
armato 15c	bewaffnet
armonia (l') 19c	Harmonie
armonia (l') 20c	Harmonie, Übereinstimmung
arpa (l') 24c	Harfe
arrabbiarsi 14b	sich ärgern
arrabbiato 13b	wütend, böse
arredatore (l') 16c	Innenarchitekt
arrestarsi 15c	zum Stillstand kommen
arrivare in ritardo 16b	zu spät kommen, sich verspäten
arrogante 23b	arrogant
articoli da spiaggia (gli) 15b	Strandbedarf
articolo di fondo (l') 13c	Leitartikel
artigianato (l') 20c	Kunsthandwerk
artigiano (l') 18c	Handwerker
aspetto (l') 24c	hier: Seite
assaggiare 16b	probieren, kosten
assai 14c	sehr
assegno circolare (l') 22b	Barscheck
assegno (l') 16b	Scheck
assemblea (l') 22b	Versammlung
assieme 14c	zusammen
assistente (l'), m e f. 24b	Assistent, -in
assistenza medica 14b	medizinische Versorgung
assistenziale 14c	auf Sozialdienste ausgerichtet
assistere 15c	beiwohnen
assolato 17c	sonnig
assoluto 14c	absolut
assumere 19c	übernehmen
astro (l') 19c	Stern
astronauta (l'), m. e f. 21b	Raumfahrer, -in
astronomo (l') 21b	Astronom
atlantico 21c	atlantisch
atmosfera (l') 21a	Stimmung
atteggiamento (l') 16c	Verhalten
attendere 14b	warten
attento 14b	vorsichtig
attento 21c	aufmerksam, genau
atterrato 24c	niedergerissen
atterrito 21b	entsetzt, erschrocken
attesa (l') 14a	Warten
attivamente 21c	aktiv
attivare 15c	aktivieren
attività lavorativa (l') 15c	Arbeitstätigkeit
attivo 16c	aktiv
attorno 14c	um, neben, bei
attrezzato 20b	ausgestattet
attrezzatura (l') 20b	Ausrüstung
attrezzo (l') 13b	Handwerkzeug
attuale 16b	aktuell
attualità (l') 13c	Aktualität
attualmente 16b	momentan, augenblicklich
aura (l'), poet. 24c	Luft
auretta (l'), poet. 19c	Luft, Lüftchen

autarchico 21c	autarkisch, autark
autobiografia (l') 24c	Autobiographie
autobiografico 24b	autobiographisch
autogrill (l'), m. 23b	Raststätte
autonomia (l'), 14c	Selbständigkeit
autonoma 19c	selbständig, autonom
autorità politiche (le) 17c	politische Kräfte
autoritario 21c	autoritär
autotreno (l') 15b	Lastzug
avere cura 17a	sich kümmern
avere dei guai 19b	etwas Schlimmes erleben
avere due volti contrastanti 21c	zwei Gesichter haben
avere intenzione 18b	vorhaben
avere luogo 15c	stattfinden
avere natura diversa 14c	unterschiedlicher Art sein
avere paura di 14a	Angst haben vor
avere un debole 18b	eine Schwäche haben
avere un'idea 16a	eine Vorstellung haben
aversene a male 14b	etwas übelnehmen
avvelenare 17c	vergiften
avvenimento (l') 13c	Ereignis, Vorfall
avvenire 13b	geschehen
avvento (l') 21c	Machtübernahme
avversario (l') 17c	Gegner
avvertire 14b	Bescheid sagen, benachrichtigen
avvicinare 20c	zusammenbringen, nahe bringen
avvincere 13b	fesseln, hinreißen, packen
avvisare 18b	Bescheid sagen, ankündigen
avviso (l') 21b	Mitteilung
avviso (l') 24b	Bekanntmachung
avvocato (l') 13b	Rechtsanwalt
azienda (l') 14c	Betrieb, Unternehmen
azione conclusa (l') 21b	abgeschlossene Handlung
azione (l'), f. 18b	Tat

B

babbuino (il) 14b	Pavian
Babilonense (il) 21b	Babilonier
bagnato fradicio 20b	pudelnaß
bagnino (il) 15b	Bademeister
baia (la) 23c	Bucht
balbettare 23a	stottern
ballare 16b	tanzen
ballo 15c	Ball
ballo in costume (il) 15c	Kostümball, Maskenball
bambola (la) 16b	Puppe
bandire 19c	feiern
bandito (il) 21b	Bandit
barca a motore (la) 17c	Motorboot
barca (la) 17c	Boot
barchetta (la) 19c	kleines Boot
barile (il) 20c	Faß
barzelletta (la) 13b	Witz
basarsi 22a	fußen, gründen
basso 20b	klein, niedrig
bastare 13a	reichen
battere a macchina 22b	tippen (*Schreibmaschine*)
beato 19c	glücklich
bellezza (la) 13c	Schönheit
bellino 17b	hübsch
ben 11 strade 15c	nicht weniger als 11 Straßen
ben prima 21c	schon vorher
benché 17b	obwohl
bene (il) 19c	Wohl
benedire 24b	segnen
benestante 20b	wohlhabend
bevanda (la) 21b	Getränk
biblico 23c	biblisch
bibliotecario (il) 24b	Bibliothekar
bici (la) 16b	Fahrrad
bigiotteria (la) 16c	Schmuckwaren
bigliettaio (il) 23a	hier: Kassierer
biodegradabile 17c	abbaufähig
biondo 21a	blond
bipede (il) 21a	Zweifüßer
birata (la), pop. 15c	Umdrehung der Kerzen (*nur in Gubbio*)
bisnonno (il) 20b	Urgroßvater
bisogna che 17a	es ist nötig, daß
bisognoso di cure 17c	pflegebedürftig
bisticciare 23b	streiten
bloccare 14c	blockieren
boom economico (il) 19c	wirtschaftlicher Aufschwung
borsa (la) 13c	Börse
bosco (Il) 17a	Wald
botte (la) 20c	Faß
boutique (la) 16b	Boutique
brasiliano 23c	brasilianisch
bravi (i) 24a	Räuber
bravo 14a	hier: tapfer
breccia (la) 24b	Bresche
breve 15c	kurz
brillante 24b	brillant, hervorragend, fein
brillante (il) 16c	Brilliant
brontolare 23b	brummen
bronzo (il) 22b	Bronze

bruno 21a	schwarzhaarig
buca (la) 15b	Loch, Schlagloch
buco della chiave (il) 18a	Schlüsselloch
buco (il) 22c	Loch
buffo 22b	lustig
bugiardo (il) 19b	Lügner
burocratico 13c	bürokratisch
burocrazia (la) 21c	Burokratie
bussare 15c	klopfen
buttare 14b	wegwerfen

C

caccia (la) 17b	Jagd
cacciatore (il) 17a	Jäger
caduta (la) 14c	Fall
calma! 17a	Ruhe!
calmo 15b	ruhig
calzature (le) 16a	Schuhwaren
calzoncini (i) 15b	kurze Hose
camera dei bambini (la) 16c	Kinderzimmer
camera del lavoro (la) 19c	Arbeitnehmerkammer, Arbeitskammer
camera oscura (la) 13b	Dunkelkammer
camera sepolcrale (la) 22a	Grabkammer
cameriera (la) 13a	Zimmermädchen
cameriere (il) 13b	Diener
caminetto (il) 20a	Kamin
camminare 16a	gehen
campagna (la) 17c	Kampagne, Initiative
campeggio (il) 15a	Camping
camper (il) 17b	Wohnmobil
campo da tennis (il) 19b	Tennisplatz
campo politico (il) 19c	politische Sphäre, politisches Gebiet
cancello (il) 21b	Gartentor
candelabro (il) 22b	Kerzenleuchter
candidato (il) 20b	Prüfling
canino (il) 14b	Eckzahn
cantante (il, la) 18b	Sänger, -in
cantina (la) 16b	Keller
cantina (la) 20c	Kellerei
canto (il) 24c	Gesang
capace 14c	fähig
capacità posti (la) 23c	Platzkapazität
capanna (la) 22c	Hütte
capitare 19a	passieren
capitolo 24a	Kapitel
capo (il) 21c	Führer
capolavoro (il) 18a	Meisterwerk
capriolo (il) 17c	Reh
carattere (il) 20c	hier: Eigenschaft
caratteristica (la) 13c	Eigenschaft, Merkmal
caratterizzarsi 21c	gekennzeichnet werden
cardellino (il) 18c	Stieglitz, Distelfink
cardinale (il) 18c	Kardinal
carica artistica (la) 18b	künstlerischer Drang
caricare 13b	aufladen, beladen
carie (la) 14a	Karies
carino 17b	hübsch
carnevale (il) 15c	Karneval
caro 16a	teuer
carro allegorico (il) 15c	allegorischer Festwagen
carta (la) 17b	Papier
cartellino (il) 16b	Schild
cartolina illustrata (la) 20b	Ansichtskarte
casa editrice (la) 21b	Verlag
casello (il) 23a	Mautstelle
cassaforte (la) 13a	Tresor
cassiera (la) 16b	Kassiererin
castagna (la) 15c	Eßkastanie
castano 21a	dunkelblond
castello di sabbia (il) 15b	Sandburg
castello (il) 15b	Burg, Schloß
catalogo (il) 18b	Katalog
catturare 17a	fangen
causa (la) 24b	Ursache
causare 21c	verursachen, veranlassen
cavaliere (il) 15c	Ritter
cavalletto (il) 18a	Staffelei
cavare 13a	herausbekommen, herauskriegen
c'è bisogno di 14a	man braucht, man muß
celebrare 15c	feiern
celebrare le nozze 24a	die Ehe schließen
celebrazione (la) 15c	Feier, Feierlichkeit
cenere (la) 15c	Asche
censo (il) 21c	Vermögen, Einkommen
centralità (la) 14c	zentrale Lage
centrista 14c	der politischen Mitte
centro abitato (il) 15a	Wohnort, Wohngebiet
centro (il) 14c	Zentrum
ceramica (la) 16c	Keramik
cercatore d'oro (il) 23c	Goldgräber
cerimonia (la) 20b	hier: Trauung
cero (il) 15c	Kerze
cervo (il) 17c	Hirsch
cespuglio (il) 22c	Busch
cesta (la) 19a	Korb
cestino (il) 15a	Korb
cesto (il) 18a	Korb
ceto medio (il) 21c	Mittelstand
che barba! 21b	wie langweilig!
che pena! 17b	wie schade!
che schifo! 18b	entsetzlich!

chiacchiera (la) 24b	Geschwätz
chiacchierare 20a	plaudern
chiamare 22b	rufen
chiamare al potere 21c	an die Macht berufen
chiarire (chiarisco) 13c	klären, deuten
chimera (la) 22b	Chimere
chimico 19c	der Chemie
chioma (la) 13c	Haar, Mähne
chissà 17b	wer weiß
chiudersi a chiave 18a	sich einsperren
ciclista (il, la) 15b	Radfahrer, -in
ciclo di lezioni (il) 16c	Vorlesungsreihe
ciclo vitale (il) 17c	Lebenskreis, Lebenscyclus
cima (la) 15c	Gipfel
cinese (il) 13b	Chinese, chinesisch
cingersi 13c	hier: aufsetzen
cinghiale (il) 17b	Wildschwein
cintura (la) 15a	Gurt, Gürtel
ciò 22b	dies
circostante 18c	umliegend
circostanza (la) 22b	Umstand
cittadina (la) 15c	Städtchen
cittadino (il) 15c	städtisch
civile 14c	zivil
civiltà artigiana (la) 16c	Handwerk, Handwerkstradition
civiltà (la) 22b	Kultur, Zivilisation
cliente (il, la) 15b	Kunde, -in
clima (il) 14c	Klima
clinica (la) 17b	Klinik
clivo (il), poet. 24c	Hang
coalizione (la) 14c	Koalition
coalizzare 14c	koalieren
coca-cola (la) 17b	Coca-Cola
coda (la) 17a	Schwanz
coincidenza (la) 24b	Zusammentreffen
coinvolgere 16c	verwickeln, hineinziehen
collaborare 13b	mitarbeiten
collaborazione (la) 13c	Mitarbeit
collegio (il) 13b	Internat
collettività (la) 23c	hier: Gemeinschaft
collettivo 14c	kollektiv
collezione (la) 20c	Sammlung
collina (la) 16b	Hügel
collinetta (la) 22a	kleiner Hügel
colore (il) 18b	Farbe
colossale (il) 21c	kolossal, groß
colpevole (il) 22b	hier: Täter
colpire 15c	hier: treffen
colpo di fulmine (il) 20b	Liebe auf den ersten Blick
colpo (il) 13b	Schlag
coltello (il) 17b	Messer

comandamento (il) 20c	Gebot
comandante (il) 24b	Führer, Kapitän
combattere 21c	kämpfen
combinazione (la) 13a	Kombination, Geheihahl,- wort
comitato (il) 17c	Komitee
comitiva (la) 22b	Gruppe
comizio (il) 14c	Wahlveranstaltung
commentare 20b	kommentieren, über etwas sprechen
commerciale 13c	kommerziell
commesso (il) 16a	Verkäufer
commettere 13b	begehen
commissariato (il) 13a	Polizeiinspektion
commissario (il) 13a	Kommissar
commuovere 23c	rühren, bewegen
competenza (la) 20c	Können
competizione (la) 15c	Wettkampf
competizione (la) 19b	Wettstreit
compiere 18b	hier: begehen
compiersi 23c	erfolgen
compito (il) 17c	Aufgabe
complemento (il) 20c	Ergänzung
complesso 16b	komplex
completamente 14b	völlig, total
completare 17b	abschließen, vervollständigen
completare 22b	fertigstellen, vervollständigen
complice (il, la) 13a	Mittäter, Komplice
complimenti! 18b	Glückwünsche!
comporre (compongo) 18b	Komponieren
comportamento (il) 23b	Verhalten
comportarsi 17b	sich verhalten
comprendere 17a	verstehen
comprensione (la) 24b	Verständnis
comprensivo 13b	verständnisvoll
compressa (la) 24b	Tablette
comune (il) 15c	Gemeinde
comunicazione di massa (la) 21c	Massenkommunikation
comunque 14b	jedenfalls
con cura 22b	sorgfältig
concento (il), poet. 24c	Harmonie
concernere 16c	betreffen
conchiglia (la) 15c	Muschel
concludere 18b	abschließen
concludere 23a	hier: schließlich sagen
concludersi 15c	enden, abschließen
concludersi 18b	ausgehen, enden
concorrere 20c	mitwirken, beitragen, beisteuern
condannare 23c	verurteilen
condizione (la) 19b	Bedingung

conferenza (la) 19b	Vortrag
conferma (la) 16b	Bestätigung
confessare 13a	gestehen
confezione (la) 20c	Geschenkpackung
conflittuale 14c	konfliktträchtig
confondersi 22c	sich vermengen
confuso 23a	durcheinander
congiuntivo (il) 17a	Konjunktiv
congratulazioni (le) 18b	Glückwünsche
congressista (il, la) 24b	Kongreßteilnehmer,-in
congresso (il) 22b	Kongress
connotato (il) 14c	Merkmal
conoscitore (il) 20c	Kenner
conquista (la) 21c	Eroberung
conquistare 16c	erobern
conquistatore (il) 21b	Eroberer
consegnare 13b	aushändigen, übergeben
conseguente 19c	sich ergebend
conseguenza (la) 14b	Folge
consenso (il) 14c	Konsens
consenso (il) 21b	Konsens, Zustimmung
considerare 21b	beachten, betrachten
consolato 13b	Konsulat
consultare 24b	nachsehen, nachschlagen
contadino (il) 21b	Bauer
contadino 21c	Bauern...
contare 13b	zählen
contendersi 15c	streiten, wetteifern
contessa (la) 13b	Gräfin
contrada (la) 15c	Stadtteil
contrastante 21c	gegensätzlich
contrasto 21c	Gegensatz
controllabile 14c	kontrollierbar
controllare 13a	kontrollieren, überwachen
controllo (il) 14b	Kontrolle
controllo della vista (il) 14b	Sehtest
convegno (il) 22a	Tagung
convenire (ti conviene...) 13a	besser sein (es wäre besser für...)
convergere 15c	einmünden
conversazione (la) 20c	Konversation, Unterhaltung
convincere 13b	überzeugen, überreden
coppa (la) 20a	Kelch, Glas
coppa di gelato (la) 20c	Eisbecher
corale 15c	einhellig
corporativo 19c	korporativ, körperschaftlich
corposo 20c	hier: schwer
correggere 18b	verbessern, korrigieren
correggersi 20b	sich verbessern
corrente 20b	laufend
correre 14b	schnell gehen, rennen
correttore di bozze (il) 13b	Fahnenkorrektor
corsivo 13c	Kommentar
corso d'acqua 8il) 17c	Wasserlauf
Corte Costituzionale (la) 14c	Verfassungsgericht
corteggiare 20a	den Hof machen
cortile (il) 17b	Hof
corto 16a	kurz
costante 17c	ständig
costare un occhio della testa 16b	ein Vermögen kosten
costiero 17c	Küsten...
costituire 14c	bilden
costituzione (la) 21c	Verfassung
costoso 20b	teuer
costretto 24a	gezwungen
costringere 24a	zwingen
costume (il) 13c	Brauch
costume storico (il) 15c	historisches Kostüm
costume tradizionale (il) 15c	Tracht
creare 17c	schaffen
creato (il) 19c	hier: Welt
creazione (la) 17c	Einrichtung, Schöpfung
crescente 20c	steigend
crescere 17b	wachsen
criterio di base (il) 20c	Grundprinzip
critico (il) 13c	Kritiker
cronaca (la) 13c	Bericht
cronaca locale (la) 13c	Lokalteil
crostaceo (il) 20c	Krustentier
crudo 24c	hier: bitter, schmerzlich
cucciolo (il) 17a	Welpe, Tierjunge
cucire 16c	nähen
cuoco (il) 13b	Koch
cura immediata (la) 17c	hier: Sofortmaßnahme
cura (la) 17a	Pflege, Sorge
cura (la) 22b	Sorgfalt
curabile 14b	heilbar
curare 17b	pflegen
curiosità (la) 15c	Neugierde
curioso 17b	neugierig
curioso 23b	hier: seltsam, komisch
curva (la) 15b	Kurve

D

da parte di 14c	seitens
da quella parte 17b	dort
dai, continua! 18b	los, erzähl' weiter!

dannato (il) 24c	Verdammte
danza (la) 15c	Tanz
dappertutto 18b	überall
dare a credere 24b	glauben lassen
dare ascolto 15b	Gehör schenken, auf jmd. hören
dare retta 16b	zuhören, Gehör schenken
dare una mano 14b	helfen
data (la) 22b	Datum
dato (il) 22b	Angabe, Daten
datore di lavoro (il) 19c	Arbeitgeber
debole (il) 18b	Schwäche
decisamente 18a	ausgesprochen, entscheidend
decisivo 21c	entscheidend
décolleté (il) 16c	Dekolleté
decorare 18c	dekorieren
decorazione (la) 18c	Dekoration
definire 14c	definieren, bestimmen
definire 22a	bezeichnen
definire 22b	festsetzen
definitivamente 16c	endgültig
del genere 15c	von dieser Art
delicato 14b	fein
delicato 20c	zart
delusione (la) 19b	Enttäuschung
denominazione (la) 15c	Bezeichnung
dentro 17b	drinnen, darin, darinnen
derubare 21a	bestehlen
deserto 23a	hier: leer
deserto (il) 21b	Wüste
desiare, poet. 19c	wünschen
designer (il) 16c	Designer
destarsi, (poet.) 13c	erwachen
di carattere politico 13c	politischer Art
di certo 16b	gewiß
di ispirazione... 15c	sich auf... beziehend
di persona 19b	persönlich
di primo piano 16c	von Rang
di sapore mediovale 15c	mittelalterlicher Ausprägung
di tale portata 16c	von solcher Bedeutung
dialetto (il) 24c	Dialekt
dialogo (il) 23a	Dialog
diametro 22a	Durchmesser
diario (il) 21b	Tagebuch
diario (il) 22b	hier: Erinnerungen
diaspora (la) 19c	Diaspora (= *konfessionelle / nationale / Minderheit)*
dichiarare 23b	aussagen, sagen, erklären
dichiarazione (la) 23b	Aussage
dietetico 20c	diätetisch
dietro le quinte 16c	hinter den Kulissen
difficoltà (la) 17c	Schwierigkeit
diffidare da 24b	warnen, etwas nicht zu tun
diffondersi 21c	sich ausbreiten
dimensione (la) 15c	Größe
dimenticarsi 14b	vergessen
dimora (la) 22c	Aufenthaltsort
dimostrare 16c	zeigen
dinamico 16c	dynamisch
dinanzi a 24a	vor
dinosauro (il) 21a	Dinosaurier
Dio 13b	Gott
dipendente (il) 22b	Arbeitnehmer
dipendere 13b	abhängen
dipendere 16b	hier: beschäftigt sein
dire pane al pane e vino al vino 17b	das Kind beim rechten Namen nennen
diretto 23c	auf dem Weg
direttore (il) 13b	Leiter, Direktor
direttrice (la) 14b	Direktorin, Leiterin
direzione (la) 23b	Leitung, Direktion
dirigere 22b	dirigieren
dirigersi 15a	zusteuern, sich wenden
disaccordo (il) 16b	Uneinigkeit
disagevole 23c	unbequem
disapprovazione (la) 18b	Mißilligung
disavventura (la) 24a	Mißgeschick
discorso diretto (il) 23a	direkte Rede
discorso indiretto (il) 23a	indirekte Rede
discutere 16b	sprechen, diskutieren
discutibile 19c	strittig
disegnare 16c	zeichnen, entwerfen
disgrazia (la) 24a	Unglück
disinganno (il) 19b	Ernüchterung, Enttäuschung
dispiacere (il) 19b	Bedauern
disposizione (la) 13c	Gliederung
disposto 13b	bereit
distanza (la) 22c	Entfernung
distendersi 19b	sich entspannen
distinto 21a	vornehm
distratto 13b	zerstreut
distribuzione (la) 13b	Vertrieb, Auslieferung
distruggere 18b	zerstören
dito (il), pl. le dita 13b	Finger
diversificato 13c	verschiedenartig
divertimento (il) 15c	Vergnügen, Unterhaltung
divertire 15c	unterhalten
Divina Commedia (la) 24c	Göttliche Komödie
divorziarsi 20b	sich scheiden lassen

divulgazione (la) 13c	Verbreitung
doccia (la) 24b	Dusche
documento (il) 15c	Urkunde
dolore (il) 14b	Schmerz
domenicale 13c	Sonntags...
domestica (la) 24b	Haushälterin
dominare 21a	beherrschen
donzella (la) 15c	Mädchen, Jungfrau
doppi servizi (i) 16b	zwei Badezimmer / Bad und Toilette
dorato 24c	golden
dottore (il) 14a	Doktor
dovunque 21c	überall
drappo (il) 15c	Tuch
droga (la) 13b	Rauschgift
drogato 21a	mit Drogen versetzt
dubbio 19b	zweifelhaft
duomo (il) 13b	Dom

E

e con ciò ? 22b	ja und ?
e così via 16c	und so weiter
e ... basta 18a	und ... Schluß
eccellente 22b	ausgezeichnet
eccentrico 23b	exzentrisch
eccessivo 16b	übertrieben
eccezionale 16b	außergewöhlich
ecologia (l') 17c	Ökologie
economicamente 20b	finanziell
economico 13c	wirtschaftlich, Wirtschafts...
economico 16b	preiswert
edizione (l') 13c	Ausgabe
educato 23b	höflich
educazione artistica (l') 18b	Kunsterziehung
effettuare 15c	machen
efficace 17c	wirkungsvoll
elegante 16a	elegant
eleganza (l') 16b	Eleganz
elemento (l') 14c	hier: Grundlage
elemento (l')	hier: Tatsache
elettorale 14c	Wahl...
elezione (l'), f. 14c	Wahl
elezioni amministrative (le) 14c	Kommunalwahl
elezioni politiche (le) 14c	Parlamentswahl
elmo (l') 13c	Helm
emergere 21c	erscheinen, hervorragen
emigrante (l'), m. e f. 23c	Auswanderer
emigrare 21c	auswandern
emigrazione (l'), f. 21c	Auswanderung, Emigration
Emilia (l') 15c	Emilia
emozionato 18a	aufgeregt
enfasi (l'), f. 19b	Nachdruck
entrambi 19b	beide
episodio (l') 15c	hier: Ereignis
episodio (l') 24b	Episode
epoca (l') 24c	Epoche
erba (l') 17a	Gras
ereditare 24b	erben
esagerare 19b	übertreiben
esalazione (l'), f. 20c	Ausdünstung
esaltazione (l'), f. 15c	Erregung, Aufregung Schwärmen
esaminare 20b	prüfen
esca (l') 19b	Köder
esclamare 23b	ausrufen
esclamazione (l'), f. 24b	Ausruf
escludere 22a	ausschließen
esclusione (l'), f. 14c	Ausschluß
escluso 19c	ausgeschlossen
esemplare 23c	beispielfhaft
esercitare 14c	ausüben
esercizio (l') 21c	Heer
esibizione (l'), f. 15c	Darstellung
esodo (l') 23c	Exodus
esperto (l') 20c	Kenner
esperto (l') 22a	Kenner, Experte
esplicitare 23b	erklären
esporre (espongo) 18b	ausstellen
espressivo 18c	ausdrucksvoll
esprimersi 21c	hier: sich entfalten
essenziale 20c	wesentlich
essere alla base 13c	die Grundlage bilden
essere alla guida 14c	an der Führung sein
essere caratterizzato da 14c	charakterisiert sein durch
essere convinto 16a	überzeugt sein
essere di turno 21b	an der Reihe sein
essere disponibile 21b	zur Verfügung stehen
essere d'accordo 16b	einverstanden sein
essere il turno di qc. 14b	an der Reihe sein
essere impegnato 17c	engagiert sein
essere in atto 17c	vorhanden sein
essere in competizione 19b	in Wettstreit liegen
essere in ferma 19b	vorstehen, verharren (*Jägersprache*)
essere in grado 21c	können, in der Lage sein
essere ora 17b	an der Zeit sein
essere ospitato 22b	zu Gast sein
essere presente 13c	vorhanden sein, sich befinden
essere previsto 15c	vorgesehen sein

essere questione di... 14b	eine Frage von ... sein
essere riservato 13c	gewidmet sein
essere sfortunato 16b	Pech haben
essere spiacente 17b	Leid tun
essere stufo 14b	es satt haben
essere sufficiente 21b	genügen, reichen
essere vitale 21c	bestehen, leben
essere vivente (l') 17c	Lebewesen
esso 14c	er, dieser (betont. Pronomen)
esteticamente 16c	ästhetisch gesehen
estinzione (l') f. 17c	Aussterben
estivo 17b	Sommer..., sommerlich
estrarre (estraggo) 14b	herausziehen
estro (l') 16c	Inspiration, Einfall, Kunst
europeistico 21c	europäistisch
evidente 14c	klar, offensichtig
evitare 17b	vermeiden
evoluzione (l'), f. 21c	Entwicklung

F

fa per Lei 16a	er paßt gut zu Ihnen
faggeta (la) 17c	Buchenhain
fagiano (il) 17b	Fasan
fanatismo (il) 15c	Fanatismus, Begeisterung
fantasia (la) 16c	Phantasie
fantasioso 20c	phantasievoll
fantino (il) 15c	Rennreiter
fantoccio (il) 15c	Puppe
farcela 14b	schaffen
fare a meno di 16b	entbehren
fare caso a 14b	aufpassen, bemerken
fare caso a 16b	achten auf, Bedeutung zumessen
fare collezione 20c	sammeln
fare credito 22b	Kredit einräumen
fare da palo 13b	Schmiere stehen
fare del proprio meglio 15b	sein Bestes tun
fare dello sci 20b	skifahren
fare di testa propria 17b	seinen eigenen Kopf durchsetzen
fare freddo 21b	kalt sein
fare il bagno 15b	baden
fare la corte 20b	den Hof machen
fare la denuncia 13b	Anzeige erstatten
fare male 14a	weh tun
fare notare 23b	merken lassen
fare per ... 16a	gut passen zu ...
fare presente 13b	erklären, hinweisen
fare sforzo 23b	sich anstrengen
fare silenzio 23b	schweigen
fare sul serio 18b	ernst meinen
fare un colpo 13b	einen Coup landen
fare una caduta 14b	fallen
fare una sosta 23b	halten
fare un'ottima figura 21b	eine sehr gute Figur machen
fare uso 19c	sich bedienen
farsi onore 23c	den Durchbruch schaffen
fascista 14c	faschistisch
fase (la) 24c	Phase
fasto (il) 15c	Prunk
fatal, poet. 24c	schicksalhaft
faticosamente 21c	mühevoll
fatidico 24c	weissagend
fatto (il) 14b	hier: Geschichte, Ereignis
fatto a mano 16c	handgemacht
fattoria (la) 20c	Landhaus, Bauernhof
favellare, poet. 24c	erzählen
favola (la) 21b	Tiergeschichte
favorevole 18c	günstig
febbre (la) 14b	Fieber
fedele 13b	treu
femminile 13c	weiblich, Frauen...
femminilità (la) 16c	Weiblichkeit
Fenici (i) 21b	Phoenizier
fenomeno (il) 16c	Erscheinung
ferita (la) 19c	Wunde
fermamente 18b	fest
ferragosto (il) 15a	15. August
fertile 21c	fruchtbar
fervore (il) 17c	Eifer
fiaba (la) 14b	Märchen
fiancheggiare 21c	unterstützen
fianco (il) 24a	Hüfte
fidanzamento (il) 20a	Verlobung
fidanzarsi 20a	sich verloben
fidarsi di 16b	sich verlassen auf
fiducia (la) 13b	Vertrauen
fiera (la) 22b	Messe
fiero 23c	stolz
figlio (il) 17a	hier: Junge, Tierjunge
figura (la) 16c	Figur
filo (il) 19b	Schnur
finale/finalmente 21b	endlich
finalità (la) 16c	Zweck
finanziario 13c	Finanz...
finanziario 21c	finanziell
fino in fondo 17b	bis zum Letzten
fiorente 18c	blühend
fiorire (il) 19c	Aufblühen
firmare 16c	unterzeichnen
fisica (la) 23c	Physik
fisionomia (la) 20c	hier: Merkmal

flora (la) 17c	Flora, Pflanzenwelt
focolare (il) 21a	Herd
folclore (il) 15c	Folklore
fondersi 16c	verschmelzen
fontana (la) 20c	Brunnen
fonte (la) 21c	Quelle
foresta (la) 23c	Wald
forma esplicita (la) 24b	explizite Form
forma implicita (la) 24b	implizite Form
forma passiva (la) 22a	Passivform
formare 14c	bilden
formarsi (il) 19c	Bildung, Bilden
formella (la) 20c	Fliese, Kachel, Tafel
fornire 13a	liefern, vermitteln
fortilizio (il) 22c	kleine Festung
fortuna (la) 19a	Glück
foto (la) 13c	Foto
fotocopiare 14b	fotokopieren
fra sé e sé 24b	unter sich
frammento (il) 22c	Fragment
fratturarsi 14b	sich etwas brechen
freccia (la) 15a	hier: Blinker
fregarsene 22b	sich scheren
frigorifero (il) 19c	Kühlschrank
fronte (il) 21c	Front
frutti di mare (i) 20c	Meeresfrüchte
fuggire 22b	fliehen
funebre 22a	Grab...
fungo (il) 17b	Pilz
funzionale 19c	zweckdienlich
funzionalità (la) 16c	Zweckmäßigkeit, Zweckdienlichkeit
fuochi artificiali (i) 15c	Feuerwerk
fuori! 13a	raus
furto (il) 13a	Diebstahl
futuro 14b	zukünftig

G

gabbia (la) 17b	Käfig
galleggiante (il) 19b	Schwimmer
gallina (la) 17b	Henne
gallo (il) 17b	Hahn
gangster (il) 23c	Gangster
garbo (il) 23b	Freudlichkeit
gareggiare 15c	wettkämpfen
gatto (il) 17a	Katze
geloso 20b	eifersüchtig
generalmente 13c	im allgemeinen
genio (il) 24c	Genie
gentildonna (la) 18c	Edelfrau
genuino 20c	echt, unverfälscht
gergo (il) 13b	Jargon
gesticolare 24b	gestikulieren
gettare 20c	hier: spritzen, sprühen
giallo 16c	gelb
giocare 14b	spielen
gioiello (il) 16c	Juwel
giostra (la) 15c	hier: Turnier
girare 14a	drehen
girare attorno 20b	herumlaufen
giro (il) 13b	Kreis
giro (il) 15c	Drehung, Umdrehung
giudiziario 13c	gerichtlich, Gerichts...
giudizio (il) 17b	Urteil
giungla (la) 23c	Urwald
giuco (il) 15b	Spiel
giusta causa (la) 19c	triftiger Grund
giustificare 16b	rechtfertigen
globale 21c	global, ganzheitlich
glorioso 19c	glorreich
godibile 16c	genießbar
gomito (il) 24a	Ellbogen
gomma americana (la) 13b	Kaugummi
governare 14c	regieren, leiten, betreuen
gradazione (la) 20c	Alkoholgehalt
gradevole 20b	angenehm
grado dell'aggettivo 20a	Steigerung beim Adjektiv
grandezza (la) 21c	Größe
grave 24a	schlimm
gremito 23b	überfüllt
gruppo folcloristico (il) 15c	Folkloregruppe
guado (il) 22c	Furt, Weg
guaio (il) 13b	Unheil
guanto (il) 16b	Handschuh
guardare fisso 24a	anstarren
guardiacaccia (il) 17b	Jagdaufseher
guerra civile (la) 21c	Bürgerkrieg
guerra mondiale (la) 21c	Weltkrieg
guida (la) 22a	Fremdenführer
gusto (il) 20c	Geschmack

I

idealizzare 24c	idealisieren
ideologico 19c	ideologisch
idoneo 20c	geeignet, passend
idraulico (l') 22b	Installateur, Spengler
il più popolare 23c	meistbekannt
illogico 17b	unlogisch
illuminazione (l'), f. 19c	Beleuchtung
illusione (l'), f. 17c	Illusion
illustrare 22b	darstellen
illustre 13c	bedeutend, berühmt
imbarco (l') 23c	Einschiffung
immaginario 24c	imaginär

immagine ispiratrice (l') 24c	inspirierendes Bild
immagine (l'), f. 13c	Bild
immagine (l'), f. 19c	Image, Bild
immediatamente 17b	unverzüglich, sofort
immediato 17c	unverzüglich
immettere 21c	einführen, Eintritt gewähren
immigrato (l') 23c	Einwanderer
impaginatore 13b	Metteur
impermeabile (l') 23b	Trenchcoat, Regenmantel
impero (l') 21c	Kaiserreich
impeto (l') 15c	Drang
impianto di risalita (l') 20b	Liftanlage
implorare 23b	anflehen
imporre (io impongo) 17c	verordnen, zwingen
importare 14b	wichtig sein
imprecazione (l'), f. 15c	Fluch
imprecisato 13c	unbestimmt
impresa (l') 21c	Unternehmung
impressionismo (l') 18b	Impressionismus
improbabile 17b	unwahrscheinlich
improvviso 13b	plötzlich, unerwartet
in alto 16b	oben
in attesa 14a	wartend, im Wartestand
in base a 21c	gemäß
in età da marito 21a	in heiratsfähigem Alter
in occasione di 22a	anläßlich
in ogni caso 16a	jedenfalls
in omaggio 24b	als Geschenk, geschenkt
in orario 17b	pünktlich
in prevalenza 13c	überwiegend
in quattro e quattrotto 18b	im Handumdrehen, im Nu
in questo periodo 14b	hier: in letzter Zeit
in senso 21c	im Sinne
in tempo 24b	rechtzeitig
in tutti i sensi 14c	in jeglicher Beziehung
in via di estinzione 17c	vor dem Aussterben bedroht
inaugurare 22b	einweihen
incantare 21b	bezaubern
incantevole 23b	zauberhaft
incanto (l') 22c	Zauber
incaricare 21c	beauftragen
incerto 17b	unsicher, ungewiß
incisivo (l') 14b	Schneidezahn
incompleto 15c	unvollständig
incondizionato 17c	bedingungslos
incontrare 23c	begegnen, zustoßen
incontro (l') 14c	hier: Zusammentreffen, Zusammenkunft
incredulità (l') 20b	Ungläubigkeit
incredulo 23b	mißtrauisch, ungläubig
incrociarsi 22c	sich kreuzen
incrocio (l'), 22c	Kreuzung
indecisione (l'), f. 20b	Unentschlossenheit
indice (l'), m. 13b	Zeigefinger
indietro 21b	zurück
indifeso 17b	schutzlos
indifferenza (l') 22b	Gleichgültigkeit
indipendenza (l') 21c	Unabhängigkeit
indiscriminato 17b	wahllos
indispensabile 14b	unerläßlich
indisturbato 17c	ungestört
individualismo (l') 14c	Individualismus
individuo (l') 16c	Individuum
individuo (l') 22a	Wesen
indomani (l') m. 17b	der nächste Tag
industriale 19c	Industrie...
industrializzazione (l'), f. 21c	Industrialisierung
inesatto 16b	unrichtig
infermiera (l') 14a	Krankenschwester
inferno (l') 24c	Hölle
infiggere 22c	einsetzen
infischiarsene 22b	auf etwas pfeifen
influenza (l') 14b	Grippe
influenza (l') 21b	Einfluß
infondere 24c	einflößen
informare 21b	informieren
ingiustamente 23c	zu Unrecht
ingiustizia (l') 13b	Ungerechtigkeit
ingiusto 17b	unrichtig, nicht richtig
ingresso (l') 14b	Eingang
ingresso (l') 21c	hier: Einzug
iniziativa (l') 15c	Iniziative
innalzarsi 16c	sich erheben
innamoramento (l') 20b	hier: Liebe
innamorato 20a	verliebt
innamorato cotto 20b	bis über die Ohren verliebt
innervosirsi 15a	nervös werden
inno (l') 13c	Hymne
innumerevole 16c	unzählig, zahllos
inquinare 17c	verschmutzen
inquinato 17c	verschmutzt
insegnamento (l') 24b	Lehre
insignificante 24b	unbedeutend
insistere 19b	bestehen
insomma 13b	also
instabile 14c	unbeständig, wechselnd
insultarsi 24b	sich beschimpfen
insuperabile 18c	unübertrefflich

intanto 13b	inzwischen
intatto 17c	intakt
integrazione (l'), f. 21c	Integration
intendere 13c	hier: verstehen
intendere 23b	begreifen
intenzione (l') 18b	Absicht
interesse (l'), m. 17c	Interesse
interlocutore (l') 23b	Gesprächspartner
interno 13c	innen...
interpretazione (l'), f. 18b	Deutung, Auslegung
interrogare 13b	verhören
interrogatorio (l') 13b	Verhör
interrogazione (l'), f. 24b	Frage
interrompere 13c	unterbrechen
intervenire 19c	einschreiten
intervento (l') 17c	Eingriff
introdurre 24b	einführen
inutile 19b	vergeblich
invadere 19c	übergreifen
invecchiamento (l') 20c	Alterung, Altern
invecchiato 20c	hier: gelagert
inventare 21b	erfinden
invidiare 22b	beneiden
ispirare 16c	hier: beeinflussen
ispirare 21c	hier: sich bekennen
ispirare 24c	inspirieren
ispirazione (l') 19c	hier: Tendenz, Richtung
ispirazione (l') 20c	Inspiration, Erleuchtung
istintivamente 20b	instinktiv
istituire (istituisco) 16c	einrichten
istituzione (l'), f. 14c	Institution
istruzioni (le) 24b	Anweisungen, Gebrauchsanweisungen

L

lacca (la) 18b	Lack, Farbe
ladro (il) 13a	Dieb
laguna (la) 15c	Lagune
lamentarsi 17a	klagen
lamento (il) 24c	Klage
lancia (la) 15c	Speer, Lanze
lanciare 18a	hier: schleudern
lanciato 15c	in voller Fahrt
lasciare 17b	hier: abbrechen, verlassen
lasciare stare 14a	sein lassen
latifondista (il, la) 23c	Großgrundbesitzer
lattina (la) 17b	Dose, Blechdose
lavastoviglie (la) 19c	Geschirrspüler
lavatrice (la) 19c	Waschmaschine
lavorare sodo 24b	hart arbeiten
lavorativo 15c	Arbeits...
lavoratore (il) 19c	Arbeiter
lavorazione (la) 16c	Verarbeitung
lavori forzati (i) 13b	Zwangsarbeit
laziale 22b	des Latiums
Lazio (il) 15c	Latium
leale 17b	aufrichtig
legge elettorale (la) 14c	Wahlgesetz
leggendario 21c	legendär
leggero 16c	leicht
legno (il) 16c	Holz
lentamente 18b	langsam
lepre (la) 17b	Hase
letterario 13c	literarisch
lettore (il) 13c	Leser
lettura (la) 21b	Lektüre
liberale 21c	liberal
liberamente 16c	frei
liberare 21c	befreien
licenziamento (il) 19c	Entlassung
lieve 16c	leicht, sanft
linea elettrica (la) 19c	elektrische Leitung
linea ferroviaria (la) 19c	Eisenbahnstrecke
linguaggio (il) 24c	Sprache
liocorno (il) 18c	Einhorn
liquoroso 20c	Likör...
litigare 24b	streiten
locale 13c	örtlich, Lokal...
località (la) 15c	Ortschaft
locuzione (la) 17b	Wendung, Redewengung
locuzione affettiva (la) 17b	Äußerung des Empfindens
locuzione fissa (la) 14b	feste Redewendung
locuzioni congiuntive 17b	Ausdrücke mit Konjunktiv
logico 17b	logisch
Lombardia (la) 15c	Lombardei
lombardo 24a	lombardisch
lotta (la) 17c	Kampf
lotto (il) 21b	Lotto
Lucania (la) 15c	Lukanien
luccicare 19c	leuchten
lume (il) 16c	Lampe
luminoso 20b	hell
lunghezza (la) 23c	Länge
lungo (il) 13a	(der) Große
luogo (il) 13c	Ort, Platz
luogo di scambio (il) 13c	Ort des Austauschs
luogo protetto (il) 17c	Schutzgebiet
lupacchiotto (il) 17a	kleiner Wolf, Wolfsjunge
lupo (il) 17c	Wolf

M

macché! 16b	aber was! im Gegenteil!
macchia (la) 17c	Macchia
macellaio (il) 16b	Metzger
macelleria (la) 16b	Metzgerei
maestro (il) 16c	Meister
magari ti avessi ascoltato! 19a	hätte ich bloß auf dich gehört!
magari! 19a	wenn ... bloß
magazzino (il) 16b	Lager
maggiordomo (il) 13a	Hausdiener
magistrato (il) 23c	Richter
Magistratura (la) 14c	Gerichtswesen, Richterstand
maglione (il) 13b	Pullover
maiolica (la) 16c	Majolika
malanno (il) 17b	Krankheit
malavita (la) 13b	Unterwelt
maldicenza (la) 24b	übles Gerede
malgrado 17b	obwohl
maltrattare 24b	schlecht behandeln
mandato (il) 23b	Mandat
manichino (il) 16b	Schaufensterpuppe
manifestazione (la) 15c	Veranstaltung
mantenersi 24b	für seinen Unterhalt sorgen
marchesa (la) 13a	ital. Adelstitel
marcia (la) 21c	Aufmarsch
marinaro (il), poet. 19c	Seemann
marito (il) 21a	Ehemann
marmo (il) 16c	Marmor
marmotta (la) 17c	Murmeltier
mascherato 15c	maskiert, Masken...
maschio 22a	männlich
massiccio 21c	massiv
mass-media (il) 17c	Mass-Media
masticare 13b	kauen
matematico (il) 21b	Mathematiker
materia (la) 13c	hier: Themen...
materiale (il) 22b	Material
materialmente 21c	materiell
matrimonio (il) 24a	Hochzeit
matto 23b	verrückt
maturare 20c	reifen
maturità (la) 18c	Reife
medicare 14a	behandeln
medio 14c	durchschnittlich
mediocre 18a	mittelmäßig
meditare 19b	meditieren
meglio 17b	besser
membranza (la), poet. 24c	Erinnerung
memoria (la) 24c	Erinnerung
mensile 13c	monatlich
mercante (il) 22c	Händler
mercato (il) 13c	Markt
merce (la) 24b	Ware
mercoledì delle ceneri (il) 25c	Aschermittwoch
merenda (la) 17a	Brotzeit
mescolarsi 22c	sich mischen
metallo (il) 16c	Metall
metalmeccanico 19c	der Metall - und Maschinenbauindustrie
metereologico 13c	metereologisch, wetterkundlich
metropoli (la) 22c	Metropole
mettere 16a	anziehen, einschlüpfen
mettere in guardia 15b	warnen
mettere in ordine 14b	in Ordnung bringen
mettere la freccia 15a	blinken
mettere la testa a posto 17b	auf den rechten Weg kommen
mettersi in viaggio 15a	sich auf die Reise machen
mezzo (il) 19b	Mittel
mi raccomando! 14a	ich bitte Sie!
militare 14c	militärisch
milizia (la) 21c	Miliz, Armee
minacciare 24b	drohen
minoranza (la) 14c	Minderheit
miracolo (il) 19c	Wunder
misericordia! 24a	Oh, Gott!
misto (il) 21c	Mischung
misurare 22c	messen
mobile 15c	beweglich
mobilitare 17c	mobilisieren
mobilitazione (la) 21c	Mobilmachung
mocassino (il) 16a	Mokassin
moderazione (la) 14c	Maß
modesto 24c	einfach, bescheiden
modo (il) 23b	Modus
modo indefinito (il) 24a	(*Infinitiv, Gerund, Partizip*)
molare (il) 14a	Backenzahn, Mahlzahn
molino (il) 19a	Mühle
molle 24c	weich
monarchia costituzionale (la) 21c	konstitutionelle Monarchie
mondiale 16c	Welt...
montaggista (il, la) 13b	Montierer
monumentale 18c	großartig
monumento funebre (il) 22a	Grabdenkmal
moralmente 19c	moralisch
morbido 16a	weich
mosso 15b	bewegt

mostrare 13b	zeigen
motivazione (la) 15c	Motivation
motore (il) 17c	Motor
motorino (il) 13b	Mofa
movimento operaio (il) 21c	Arbeiterbewegung
mozzarella (la) 17b	Mozzarella
mucchio (il) 24b	Haufen
multa (la) 24b	Strafe
muovere 14a	bewegen
musica operistica (la) 20b	Opernmusik
musicista (il, la) 18b	Musiker, -in
muso (il) 13a	Schnauze
mutamento (il) 23b	Änderung
Muto (il) 13a	(der) Stumme

N

narrare 21b	erzählen
narrazione (la) 21 b	Erzählweise
nascere 16b	geboren werden
nascita (la) 20c	hier: Entstehung
nascondere 21b	verstecken
natale 24c	Geburts...
natura bisognosa di cure immediate 17c	Natur, die Sofortmaßnahmen benötigt
natura morta (la) 18b	Stilleben
naturale 17b	natürlich
naturalistico 17c	Natur...
naturalmente 17b	natürlich
nave (la) 19c	Schiff
navigatore (il) 21b	Seefahrer
nazifascismo (il) 14c	Nazifaschismus
nazionalista 21c	nationalistisch
nazista 14c	nationalsozialistisch
ne va di... 14b	es geht / es handelt sich um
necrologio (il) 13c	Todesanzeige
necropoli (la) 22a	Nekropole, Gräberstadt
negare 23a	abstreiten
negoziante (il) 15b	Geschäftsmann
nei confronti di 21b	gegenüber
nel caso che 17b	im Falle daß
nel corso dell'anno 15c	im Laufe des Jahres
nel giro di... 18b	innerhalb von...
nemmeno 19a	nicht einmal
neo-fascismo (il) 14c	Neofaschismus
nerbo (il) 23c	Peitsche, hier: Kraft
nervoso 23b	nervös
nettamente 21c	gänzlich
nevicare 21a	schneien
nido (il) 17b	Nest
nobilitare 24b	adeln
noia (la) 21b	Langeweile
non comune 16a	außergewöhnlich
non è un'impresa facile 16b	es ist keine leichte Angelegenheit
non fare storie! 13a	mach' keine Geschichten!
non mi importa 14b	es ist mir nicht wichtig
nonché 16b	wie auch
nonché 21c	und auch
nonostante 17b	trotzdem
norma (la) 20c	Norm, Regel, Vorschrift
normale 17b	normal
normalità (la) 14c	Normalität
normalmente 16c	normalerweise
notevolmente 22b	hier: sehr, besonders
notizia contornata (la)	eingerahmte Nachricht
notizia (la) 13c	Nachricht
noto 13a	bekannt
notturno 16c	in der Nacht, nächtlich
novella (la) 21b	Novelle, Kurzgeschichte
nozze (le) 24a	Eheschließung, Hochzeit
nucleo (il) 22c	Kern
numero (il) 16a	hier: (Schuh-) Größe
nuotare 15b	schwimmen
nutrire 17b	füttern
nutritivo 20c	ernährend

O

oasi (l'), f. 17c	Oase
obbediente 24b	gehorsam
obbedire 20b	gehorchen
obiettare 23b	einwenden
oca (l') 17b	Gans
occhiello (l') 13c	Vortitel
occidentale 14c	westlich
occorrente (l'), m. 18a	Nötige, Notwendige
occorrere 14b	nötig sein, brauchen
oculista (l') m. e f. 14b	Augenarzt, -in
odontotecnico (l') 14b	Zahntechniker
odore (l') 20c	Geruch
offendersi 14b	beleidigt sein
offerta (l') 15c	Angebot
offerta (l') 15c	Spende
oggettivamente 21b	objektiv
oggetto di uso quotidiano (l') 16c	Gegenstand des täglichen Gebrauchs
olezzare, poet. 24c	duften
ombrellone (l'), m. 15a	Sonnenschirm
omicidio (l') 23c	Mord
omogeneo 14c	homogen
onda (l') 21c	Welle
opera educativa (l') 17c	Erziehungsaktion
operaio (l') 19c	Arbeiter
operaio 21c	Arbeiter..., Arbeits...
operare 16c	tätig sein

operare 19c	arbeiten, wirken
operazione (l'), f. 22b	hier: Geschäft
ora ... ora ... 14c	mal ... mal ...
orario di lavoro 19c	Arbeitszeit
ordine (l'), m. 14b	Ordnung
orecchino (l') 22b	Ohrring
orecchio (l'), pl.: le orecchie 21a	Ohr
oreficeria (l') 16c	Goldverarbeitung
organismo istituzionale (l') 14c	institutionelle Einrichtung
organo ufficiale (l') 13c	offizielles Organ, Parteiblatt
organo (l') 14c	Organ
orgoglioso 15c	stolz
orientamento (l') 14c	Orientierung
orientarsi 21c	sich orientieren
originalità (l') 16c	Originalität
origine (l'), f. 21a	Herkunft
orsacchiotto (l') 17b	kleiner Bär
orso bruno (l') 17c	Braunbär
ospitare 17c	hier: Lebensraum bieten
ospitare 22b	als Gast aufnehmen
ostacolare 22b	behindern, hindern
ottimo 20b	sehr gut
otturare 14b	füllen, plombieren
otturazione (l'), f. 14b	Füllung
ove 22c	wo

P

padre della patria (il) 21c	Landesvater
paesaggio alpino (il) 17c	Alpenlandschaft
paesaggio (il) 17c	Landschaft
paesano (il) 23c	Mitbürger
pagina (la) 13b	Seite
palazzo (il) 24b	hier: Gebäude
palla (la) 15b	Ball
pallanuoto (la) 15b	Wasserball
palo di sostegno (il) 22c	Stützpfeil
palo (il) 13b	Pfahl, Stange
pantaloni (i) 16b	Hose
papà (il) 17a	Vati
papale 18c	päpstlich
parco nazionale (il) 17c	Nationalpark
parco (il) 17c	Park
parere (il) 24a	Meinung
pari 15c	gerade, gleich
paritario 14c	gleichgeordnet
parlamentare 14c	parlamentarisch
parolaccia (la) 17b	Schimpfwort
parroco (il) 24a	Pfarrer
parte (la) 19c	Rolle
partecipare 15c	teilnehmen
partecipazione (la) 15c	Teinahme
particolare (il) 13a	Einzelheit
particolare (il) 18c	Ausschnitt
partita di scacchi (la) 15c	Schachpartie
partitivo 14b	Teilungs...
parure (la) 16c	Garnitur, Satz
parziale 15c	Teil...
parziale 17c	teilweise, partial
passaggio (il) 17c	Durchfahrt, Durchgang
passaggio (il) 23b	Übergang
passare 14a	hinübergehen
passare con il rosso 24b	bei Rot fahren, bei Rot gehen
passeggero (il) 16b	Passagier
passionale 15c	leidenschaftlich
passo (il) 16b	Schritt
pasticceria (la) 20c	Süßspeise
pasticcino (il) 14b	Kleingebäck
pastore (il) 22c	Schäfer
paternalista 21c	paternalistisch
patire 24c	leiden
patrimonio (il) 22b	Vermögen
paura (la) 14a	Angst
pausa (la) 15c	Pause
paziente 21b	geduldig
paziente (il, la) 14a	Patient, -in
peccato 17b	schade
peccato (il) 18c	Sünde
peccato originale (il) 18c	Erbsünde
peggio 17b	schlechter
pellame (il) 16c	Lederware
pendaglio (il) 22b	Anhänger
pendere 24c	hängen
penicillina (la) 21b	Penizillin
pennello (il) 18a	Pinsel
pensiero (il) 24c	Gedanke
pentirsi 19a	bereuen
penultimo 13b	vorletzte
per amor del cielo! 24a	um Himmels willen!
per cui 14c	daher
per filo e per segno 13b	ganz genau, ausführlich
per lui saranno guai 13b	für ihn wird es schlimm ausgehen
per niente 16b	überhaupt nicht
percentuale (la) 14c	Prozentsatz
perché 17b	damit
percorso (il) 15c	Weg
perdere conoscenza 21b	in Ohnmacht fallen
perdita (la) 19c	Verlust
perfettamente 21b	vollkommen
pericolo (il) 14b	Gefahr
periodo (il) 14b	hier: Zeit
periodo ipotetico 19a	Bedingungssatz
però 13b	aber, jedoch

personale 13a	persönlich, privat
personalità (la) 16c)	hier: Charakter
personalizzato 16c	für eine bestimmte Person entworfen
pertanto 14c	daher
pesare 13b	lasten
pesciolino (il) 17b	kleiner Fisch
pessimo 20b	sehr schlecht
pettegolezzo (il) 24a	Klatsch, Klatscherei
petto (il) 24c	Brust
pezzetto (il) 14b	Stückchen, kleines Stück
piangere 17a	weinen
piano (il) 16b	Stockwerk
piano di lavoro (il) 13b	Arbeitsplan
pianta (la) 13a	Plan
pianta (la) 16a	Fußsohle
pianta (la) 17c	Pflanze
piantagione (la) 17c	Plantage
piantare 22c	pflanzen
piatto (il) 16c	Teller
piazzale (il) 23a	Platz
piazzare 17b	aufstellen, aufbauen
piccione (il) 17b	Taube
piegare 17c	biegen
piegato 24b	gebeugt
Piemonte (il) 15c	Piemont
piemontese 15c	aus dem Piemont
pieno zeppo 20b	brechend voll
pietà (la) 17b	Mitleid
pietra (la) 22a	Stein
pigiare 23b	drücken
pila (la) 21b	Batterie
pioppo (il) 17c	Pappel
pisolino (il) 18b	Nickerchen
pista da sci (la) 20b	Skipiste
pista di pattinaggio (la) 20b	Schlittschuhbahn
pittorico 18c	malerisch
pittura (la) 18b	Malerei
placido 19c	sanft
plastica (la) 14b	Plastik
pleonastico 14b	Wiederholung sinngleicher Ausdrücke
pluralità (la) 14c	Pluralität
poema (il) 24c	Dichtung, Gedicht
poesia (la) 24c	Gedicht
poiché 14c	weil, da
politica estera (la) 21c	Außenpolitik
politica interna (la) 13c	Innenpolitik
politicamente 21c	politisch
poliziesco 21c	polizeilich
pomodoro (il) 17b	Tomate
popolana (la) 18c	Frau aus dem Volk
popolare 14c	Volks...

porcheria (la) 18a	Schweinerei
porgere 13c	reichen
portare sfortuna 19a	Unheil bringen
posare 16b	legen
posata (la) 16c	Besteck
posizione (la) 14c	Stellung
postbellico 21c	Nachkriegs...
posto d'onore (il) 15c	Ehrenplatz
potatura (la) 20c	Schnitt, Beschneiden
potere (il) 14c	Macht
poveretto! 17b	Ärmster!
poverino! 17b	Ärmster!
povero in canna 20b	arm wie eine Kirchenmaus
povertà (la) 21c	Armut
pranzo di nozze (il) 20b	Hochzeitsmahl
praticità (la) 16c	Bequemlichkeit
precisare 15c	beteuern, (genau) angeben
precorrere 18c	vorausgehen
preda (la) 19b	Beute
preferenza (la) 16b	Vorzug, Vorliebe
preferibile 17b	vorzuziehen, besser
preferito 24b	Lieblings...
prefisso (il) 20b	Vorsilbe
preghiera (la) 14b	Bitte
premiare 22b	auszeichnen
preminenza (la) 14c	Vorrang, Überlegenheit
premura (la) 20b	Aufmerksamkeit, Bemühung
prendere a... (+ Inf.) 21b	anfangen
prendere accordi 24b	sich einigen
prendere il via 24b	starten, beginnen
prendere in prestito 24b	ausleihen
prendere nota 23b	notieren
prendere origine 21a	stammen
prendere sotto braccio 24b	sich einhenkeln
prendere un malanno 17b	erkranken
prendersi cura 24a	sich sorgen
preoccuparsi 14a	sich Sorgen machen, Angst haben
preoccupazione (la) 17b	Sorge
preparativo (il) 15a	Vorbereitung
prepotente 23b	rechthaberisch
presentarsi 14c	sich darstellen, sich vorstellen
presentarsi agli esami 18b	zur Prüfung erscheinen
presentazione (la) 13c	Vorstellung, Ankündigung
presenza (la) 19a	Anwesenheit
pressione (la) 19c	Druck
prestigio (il) 20b	Prestige

prestito (il) 21b	hier: Kredit
pretesa (la) 23b	Forderung
prêt-à-porter (il) 16c	Serienproduktion
previsione (la) 22a	Voraussage
prigione (la) 13a	Gefängnis
prima 16a	vorher
prima 24c	erst, zuerst
prima che 17b	bevor
principe (il) 21a	Prinz
principessa (la) 13b	Prinzessin
privato 13c	privat
privo di 22c	arm an, ohne, ...los
privo di marmi 22c	ohne Marmor
probabile 13b	wahrscheinlich
procurare 13b	beschaffen
produrre 21c	hier: verursachen
produttore (il) 16c	Produzent, Hersteller
produzione (la) 16c	Produktion
profano 15c	weltlich
profilo psicologico (il) 23b	psychologisches Profil
profitto (il) 15c	Gewinn
profondo 19c	tief
profumare 16c	riechen
progettazione (la) 16c	Planung
progettista (il, la) 16c	Planer, -in
proibitivo 15c	hier: fast unmöglich
proiettare 16c	projektieren
promessa (la) 23b	Versprechen
promessi sposi (i) 24a	(die) Verlobten
promozione (la) 17c	Förderung
pronome relativo (il) 16a	Relativpronomen
pronomi accoppiati (i) 13a	zusammengesetzte Pronomen
pronto 13c	bereit
pronto soccorso (il) 14b	Notaufnahme
proporzionale (la) 14c	Proportionalwahlsystem
proposito (il) 17c	Absicht
proposta (la) 14b	Vorschlag
proprietà (la) 23c	Besitz
proprietario terriero (il) 21c	Landbesitzer
proprietario (il) 23c	Besitzer
proseguire 15b	fortsetzen, fortführen
prospero, poet. 19c	günstig
protagonista 14c	Haupt...
protagonista (il, la) 19c	Hauptdarsteller, -in
protesta (la) 19c	Protest
protestare 23b	protestieren
proverbio (il) 13b	Sprichwort
provincia (la) 15c	Provinz
provocare 24a	verursachen

provocato 17c	hervorgerufen, entstanden
provvedimento (il) 20b	Maßnahme
psicologico 16c	psychologisch
pubblicare 16c	veröffentlichen
pubblicista (il, la) 13b	Publizist, -in
pubblico (il) 21b	hier: Zuschauer
pulire (pulisco) 14b	reinigen
pulsante (il) 23b	Knopf
puntare 19b	stellen, anvisieren (*Jägersprache*)
puntare 24a	richten
punto di riferimento (il) 16c	Bezugspunkt
punto di vita (il) 16c	Taille
può darsi 17a	vielleicht, es kann sein
purché 17b	nur... wenn, vorausgesetzt, daß
pure (telefonino pure!) 14b	doch (rufen Sie doch an!)
purgatorio (il) 24c	Fegefeuer
puro 14c	rein

Q

quanto a 14b	was ... betrifft
quanto prima 23b	so bald wie möglich
quantunque 17b	obgleich
quasi quasi 19b	fast
quello che 13a	das was
questura (la) 13b	Polizeipräsidium
qui sta il bello 18a	das ist das Tolle daran
quindicinale 13c	vierzehntägig
quinquennale 21c	fünfjährlich, alle fünf Jahre
quotidiano 13c	täglich
quotidiano (il) 13b	Tageszeitung

R

rabbia (la) 21c	Ärger
racchetta da tennis (la) 15a	Tennisschläger
raccomandarsi 14a	sich anvertrauen
raccomandazione (la) 15b	Aufforderung
raccontare 13a	erzählen
racconto avventuroso (il) 21b	Abenteuergeschichte
racconto fantastico (il) 21b	Phantasieerzählung
radiografia (la) 14a	Röntgenaufnahme
rallegrarsi 17b	sich freuen
rallentare 15a	langsamer fahren
rancore (il) 21c	Groll
rapidamente 21c	schnell

rappresentativo 14c	repräsentativ, vertretend
rappresentazione (la) 21b	Vorstellung
razionalmente 20b	rationell
re della briscola 15c	König aus dem Kartenspiel "Briscola"
realizzazione (la) 16c	Verwirklichung
realizzazione (la) 16c	Fertigung
reazione (la) 13b	Reaktion
recitazione (la) 15c	Vorstellung
recupero (il) 14b	Wiederherstellung
redattore (il) 13b	Redakteur
regata 15c	Regatta
reggersi a galla 15b	sich über Wasser halten
regime (il) 14c	Regime
regina (la) 21b	Königin
registrare 13c	registrieren, vermerken, anführen
regno (il) 24c	Reich
regola (la) 16b	Regel
regolare/ regolarmente 21b	regelmäßig
relativo 14c	entsprechend
relativo a 13c	betreffend, bezugnehmend
relazione (la) 21b	Bezug, Beziehung
rendere 16c	machen
rendere pan per focaccia 21b	Gleiches mit Gleichem vergelten
reprimere 19c	unterdrücken
Repubblica Marinara (la) 15c	Seerepublick
requisito (il) 16b	hier: Eigenschaft
resistenza (la) 13b	Widerstand
responsabile 13b	verantwortlich
restituire (restituisco) 18b	zurückgeben
resto (il) 22b	Rest
restringere (ristretto) 21c	hier: begrenzen, einschränken
rettile (il) 21a	Reptil
riaccendere 24c	wieder anzünden
ricavare 20c	gewinnen
ricco sfondato 14b	steinreich
ricerca (la) 17c	Forschung
ricercare 22b	fanden nach
richiamare 15c	hier: erwecken
richiamo (il) 19b	Lockvogel
ricominciare 13a	wieder anfangen
ricordarsi 14b	sich erinnern
ricorrere 14c	zurückgreifen
ricostruire 14c	wiederaufbauen
ricostruzione (la) 19c	Wiederaufbau
ridere a crepapelle 21b	sich totlachen

ridipingere 18a	wieder streichen, frisch anstreichen
ridursi 23c	sich verringern
riempire 19a	füllen
rientro (il) 24a	Rückkehr
rievocazione (la) 15c	Erinnerung, Gedenk...
riferire 24b	berichten
rifiutare 14c	ablehnen
rifiuti (i) 17c	Abfall
riflessione (la) 22b	Überlegung
riflettere 16b	überlegen
riflusso (il) 21c	Rückfluß, Rückgang
rifugio (il) 18b	Hütte
rigoroso 20c	streng
riguardarsi 14b	sich schonen
rileggere 24b	nochmals lesen
rilevare 13c	entnehmen, erheben
rilevare 14b	feststellen
rimanere a bocca asciutta 19b	leer ausgehen
rimanere fermo 21c	stillstehen, stillbleiben
rimettersi a 13a	wieder anfangen
rimettersi al lavoro 13a	sich wieder an die Arbeit machen
rimproverare 24b	vorwerfen, tadeln
rinascere 19c	wiederentstehen
Rinascimento (il) 18c	Renaissance
rione (il) 15c	Stadtviertel
riportare 14c	zurückführen
riprendere 22b	wiederaufnehmen
riprendere 24b	wiederanfangen
riproduzione (la) 20c	Reproduktion
riprovevole 22b	tadelswert, verwerflich
risalente 22b	zurückreichend
risalire 15c	zurückzuführen sein
risaputo 20c	wohl bekannt
riscaldare 20c	aufwärmen
riscoprire 15c	wiederentdecken
risentito 23b	gekränkt
riserva (la) 17c	Schutzgebiet
riserva marina (la) 17c	Meeresschutzgebiet
riso (il) 17b	Reis
risolvere 24b	lösen
risolversi 15b	hier: sich entpuppen
rispettare 17c	schonen, schonend behandeln
rispetto (il9 14c	Respekt
risultato (il) 19c	Ergebnis
ritardato 21c	verspätet
ritardo (il) 16b	Verspätung, Verzögerung
ritenere (io ritengo) 15b	meinen, denken
ritenere (io ritengo) 17b	halten, schätzen
ritirare 17b	abholen
ritmo di lavoro (il) 19c	Arbeitstempo

rito (il) 15c	Ritus, Brauch
ritratto (il) 18a	Portrait
ritrovamento (il) 22a	hier: Entdeckung
ritrovare 22a	finden
ritto 24a	aufrecht
riunirsi 14c	sich versammeln
riuscire 18a	können, gelingen
rivelarsi 19b	sich erweisen
rivolgere 17c	hier: schenken
rivolta (la) 15c	Aufstand
rivoluzione (la) 21c	Revolution
robustezza (la) 16b	Festigkeit
robusto 16a	fest, solid
roccia (la) 17c	Felsen
romano 18c	römisch
roulotte (la) 17b	Wohnwagen
rovere (il, la) 20c	Sommereiche
rovesciare le mani sui fianchi 24a	die Hände in die Hüften stemmen
rovinare 17b	beschädigen
rovinare 24b	ruinieren
rubare 13b	stehlen
rubrica (la) 13c	Spalte, Teil
rude 17c	rauh
rudere (il) 22c	Überreste
ruotare 16c	kreisen

S

sabbia (la) 15b	Sand
saggio 19b	klug
saggista (il, la) 13c	Essayist
sagra (la) 15c	Fest auf dem Land, bäurliches Fest
sala (la) 14a	Saal
sala da pranzo (la) 16c	Eßzimmer
sala d'aspetto (la) 14a	Wartezimmer
saldi (i) 16b	Schlußverkauf
saletta (la) 14a	kleines Wartezimmer
salice (il) 24c	Weide
salita (la) 15c	Aufstieg
saltare 16b	springen
salto nel passato (il) 22c	Sprung in die Vergangenheit
salutare 20b	gesund
salute (la) 13c	Gesundheit
salvare 14a	retten
sandalo (il) 16b	Sandale
sapore (il) 15c	Geschmack, Art und Weise
saracino (il) 15c	Sarazener
sbagliare 16b	sich irren
sbagliare di grosso 16b	sich gewaltig irren
sbalzo di temperatura (lo) 20c	plötzlicher Temperaturwechsel
sbrigarsi 15a	schnell machen, sich beeilen
scadenza (la) 23b	Ablauf
scala (la) 13b	hier: Skala
scambiare qualche parola 16a	ein paar Worte wechseln
scambio (lo) 13c	Austausch
scarpa 15b	Schuh
scaturire (scaturisco) 19c	hervorgehen
scavo (lo) 22a	Ausgrabung
scenario (lo) 15c	hier: Landschaft
schedario (lo) 24b	Katalog
schedario per argomento (lo) 24b	Sachkatalog
schedario per autore (lo) 24b	Verfasserkatalog
scheletro (lo) 22c	Gerippe
scherzare 14b	scherzen
schiamazzo (lo) 24a	Lärm, Geschrei
schiava (la) 13c	Sklavin
scientifico 13c	wissenschaftlich
sciopero (lo) 19c	Streik
scivolare 24b	ausrutschen
scolpire 18b	bildhauen
sconfiggere 24c	besiegen
sconosciuto 23c	unbekannt
scontrino di pedaggio (lo) 23b	Mautkarte
scoperta (la) 22a	Entdeckung
scopo (lo) 17c	Zweck
scordare 19c	vergessen
scortecciatura (la) 22b	Abheben
scudo (lo) 15c	Schild
scultore (lo) 18b	Bildhauer
scultura (la) 23c	Skulptur
scuotere 24b	zerren, heftig bewegen
Sdentata (la) 13a	(die) Zahnlose
sebbene 17b	obwohl
secco 20c	trocken
secondo Lei 23a	Ihrer Meinung nach
sedia a sdraio (la) 15a	Liegestuhl
seduta (la) 14b	Sitzung
seduto 24b	sitzend
seggiolone (il) 24a	Armstuhl
segnalare 15b	hinweisen
segno (il) 22b	Zeichen
segretario (il) 14b	Sekretär
segreto (il) 24b	Geheimnis
seguente 13c	folgend
seguitare a 24b	fortfahren mit
selezione (la) 15c	Auswahl
selezione (la) 20c	Auslese
selvaggina (la) 19b	Wild
selvaggio 17c	wild
sembrare 16a	scheinen

semplicemente 14b	einfach
sensazione (la) 19a	Gefühl
sensibile 14c	sensibel
sensibilizzare 17c	sensibilisieren
sentiero (il) 20b	Weg
sentire 14b	hier: probieren
senza 16b	ohne
senza battere ciglio 16b	ohne mit der Wimper zu zucken
senza che 17b	ohne daß
sepolcrale 22b	Grab...
sepoltura (la) 22a	Grabstätte
sereno 19c	heiter
serpe (la) 17b	Schlange
serrato 23b	hier: lebhaft
serratura (la) 18b	Schloß
servizi (i) 17b	Sanitäreinrichtungen
settimanale 13c	wöchentlich
settimanale illustrato (il) 13c	Illustrierte
sfilata (la) 15c	Umzug, Parade
sfilata di moda (la) 16c	Modenschau
sfondo (lo) 18c	Hintergrund
sfortuna (la) 19a	Unglück
sforzo (lo) 21c	Anstrengung
sfrenato 15c	zügellos
sfruttamento (lo) 21c	Ausbeutung, Ausnützung
sfruttare 17c	ausbeuten, ausnützen
sgombro 17c	frei
sguardo (lo) 23b	Blick
siccome 13b	da, weil
sicurezza di sé (la) 16c	Selbstsicherheit
significativo 22b	bedeutend
signor padrone 24a	mein Herr
simbolo (il) 14c	Symbol, Zeichen
simile 24c	ähnlich
simultaneità (la) 24b	Gleichzeitigkeit
sincero 20c	echt, rein
sindacale 13c	gewerkschaftlich
sindacato di categoria (il) 19c	Einzelgewerkschaft, Berufsgewerkschaft
sindacato (il) 19c	Gewerkschaft
sindaco (il) 23c	Bürgermeister
sinfonia (la) 13b	Symphonie
singolare 15c	besonders
sistemare 20c	lagern
situazione 13a	Lage
slancio (lo) 21c	Schwung
smarrire 13b	verlieren
Smilzo (lo) 13a	(der) Schlanke
soave 19c	mild, sanft
soddisfatto 16b	zufrieden
sofferenza (la) 24a	Leiden
soffitta (la) 18b	Speicher
soggetto religioso (il) 18c	religiöses Thema
soggiorno (il) 16c	Wohnzimmer
soldato (il) 21b	Soldat
sole (il) 13b	Sonne
solenne 22c	feierlich
solidarietà (la) 14c	Solidarität
solita ora, solito posto 19a	gleiche Zeit, gleicher Ort
solitamente 15b	gewöhnlich
somma (la) 24b	Summe, Betrag
sommario (il) 13c	Inhaltsangabe
sopravvivenza (la) 22c	Überleben
sopravvivere 15c	überleben
soprintendente (il, la) 22b	Oberintendant, -in
sorgere 17c	entstehen
sorpassare 15a	überholen
sorpasso (il) 15b	Überholmanöver, Überholvorgang
sorprendente 20a	überraschend
sorprendere 16b	überraschen
sorpreso 17b	überrascht
sorridente 24b	lächelnd
sorso (il) 20c	Schluck
sospendere 22a	unterbrechen
sospetto 13b	verdächtig
sospetto (il) 13b	Verdacht
sosta (la) 23b	Halt, Aufenthalt
sostituire (sostituisco) 14b	ersetzen
sottile 16c	dünn
sottolineare 16c	unterstreichen, hervorheben, betonen
spaghettata (la) 15c	Spaghetti-Essen
spalla (la) 13c	Artikel in der rechten oberen Ecke der Titelseite
spalla (la) 16c	Schulter
spatola (la) 18b	Spachtel
spaventare 19a	erschrecken
spazio (lo) 13c	Platz, Raum
spedizione dei Mille (la) 21c	Zug der Tausend
spendere qualche parola 16c	einige Worte verlieren
speranza (la) 17b	Hoffnung
spezzare 14b	brechen
spiacente 17b	traurig
spina dorsale (la) 21c	Rückgrat
spirare 19c	wehen
splendente 17c	strahlend
sporcare 24b	beschmutzen, verschmutzen
sportello (lo) 15a	Tür (*im Auto, Zug etc.*)
sportivo 13c	sportlich
sposalizio (lo) 18c	Hochzeit

sposare 20a	heiraten
sposi (gli) 20b	Brautpaar
spostarsi 19a	Platz wechseln, sich verlagern
spray deodorante (lo) 13b	Deospray
spray insetticida (lo) 13b	Insektenspray
spray soporifero (lo) 13a	Betäubungsspray
sprecare 17b	verschwenden
spruzzare 13a	sprühen
spumante (lo) 20a	Sekt
squadra (la) 21c	Mannschaft, hier: Kommando
squilibrio (lo) 21c	Mißverhältnis
stabile (lo) 24b	Gebäude
stabilmente 14c	dauerhaft
stagno (lo) 17c	Teich, Weiher
stampa (la) 13b	Druck, Presse
stancarsi 16a	müde werden
stanza accanto (la) 14a	Nebenzimmer
stare attento a 14b	aufpassen
stare fermo 14a	ruhig bleiben
stare zitto 15b	schweigen, still sein
statuto dei lavoratori (lo) 19c	Arbeiterstatut
sterminio (lo) 17b	Ausrottung
stesso 19b	gleich
stilista (lo, la) 16c	Stilist, -in
stimare 22b	schätzen
stimolare 17c	anregen
stimolo (lo) 15c	Anreiz, Ansporn
stivaletto (lo) 16b	Halbstiefel
stracciare 24b	reißen
strano 17a	seltsam
strano 22b	komisch, seltsam
strumento (lo) 21c	Mittel, Instrument
struttura d'acciaio (la) 23c	Stahlstruktur
studio (lo) 14b	Praxis, Arbeitszimmer
studio (lo) 16c	hier: Entwurf
studioso 20b	fleißig
stupido 17b	dumm
subalterno 14c	untergeordnet
subire le conseguenze 14b	etwas büßen
sublime 15c	herrlich
sufficiente 21b	genügend
suffragio (il) 21c	Wahl, Abstimmung
sullo slancio 21c	im Schwung
suolo (il) 19c	Boden
suonare 15a	hupen
suono (il) 24c	Laut, Gesang
superare 15a	hier: hinter sich lassen, verlassen
supplicare 24b	anflehen
supporre (suppongo) 17b	annehmen, vermuten
supporto (il) 14c	Unterstützung
supposto che 17b	vorausgesetzt, daß
su, da brava! 14a	seien Sie tapfer!
svanire 21c	verschwinden, entschwinden
svelto 15a	schnell
svilupparsi 15c	sich entwickeln
svolgersi 15c	stattfinden

T

tacchino (il) 17b	Truthahn
tacco (il) 16c	Absatz
tacere 16b	schweigen
taglio (il) 16c	Schnitt
taglio alto, medio (il) 13c	große, mittlere Schrift
tale 15c	solche
talora 14c	manchmal
talvolta 18b	manchmal
tana (la) 17a	Loch, Höhle, Versteck
Tappo (il) 13a	(der) Kleine
tardare 19c	zögern
tasca (la) 24b	Tasche
tavola di pietra (la) 22c	Steintafel
tavola rotonda (la) 22b	Podiumsdiskussion
tavolo da campeggio (il) 15a	Campingtisch
tavolozza (la) 18a	Farbpalette
tecnica (la) 19b	Technik
tecnico 13c	technisch
tela (la) 18a	Leinwand
telegrafo (il) 21b	Telegraph
temere 14a	fürchten
temibile 21c	zu befürchten
temperatura ambiente (la) 20c	Zimmertemperatur
temperatura (la) 20c	Temperatur
tempesta (la) 24b	Sturm
tenace 20b	zäh
tenda (la) 17b	Zelt
tenda (la) 19c	hier: Segel
tendenza (la) 19c	Tendenz
tendenzialmente 21c	tendenziell
tenere 15b	behalten
tenero 24b	hier: weich
tenersi 15c	stattfinden
tentare 14a	versuchen
teorico 19b	theoretisch
tepido, poet. (heute: tiepido) 24c	lauwarm
terminare 18b	hier: absolvieren
terno (il) 21b	drei Zahlen im Lotto
terra (la) 22c	Land

terremoto (il) 13b — Erdbeden
terreno favorevole 21c — hier: Nährboden
terreno (il) 16b — Grundstück
terribile 14a — schrecklich
territoriale 21c — Gebiets..., Landes...
terrorizzante 24b — erschreckend
tessile 19c — der Textilindustrie
tessuto (il) 16c — Stoff
testata (la) 13c — Kopf, Titel
testata (la) 17c — hier: Talschluß
testimonianza (la) 22b — Zeichen, Zeugnis
timore (il) 17b — Furcht
tinta (la) 18b — Farbe
tinteggiare 18b — färben
tipo 16a — in der Art von, in etwa wie
tipo (il) 23b — Typ
tiranno (il) 15c — Tyrann
tirannosauro (il) 21a — *Tyrannosaurus*
tirare su 14b — Mut machen, ermutigen
tirare vento 21b — windig sein, ziehen
titolazione (la) 13c — Titelage
toccare 15c — hier: erreichen
toccare a 14a — dran sein, an der Reihe sein
togliere 17b — herausziehen
tollerare 15b — dulden
tonnellata (la) 16c — Tonne
tornare al fresco 13b — hinter Gitter zurückkehren
tornare nel giro 13b — ins Milieu zurückkommen
Toscana (la) 15c — Toskana
tovagliolo (il) 17b — Serviette
traffico (il) 22b — Verkehr
tramontare 21c — untergehen, vergehen, verschwinden
tranquillo 13b — ruhig
trapano (il) 14a — Bohrer
trarre (io traggo) 23a — entnehmen
trarre (traggo) 24c — nachschleppen, nachziehen
trasfigurazione (la) 18c — Verklärung Christi
trasformare 16c — umwandeln
trasmittente (la) 13c — Sender
trasposizione (la) 23b — Umwandlung
tratto (il) 23b — Abschnitt
travestito 15c — verkleidet
tremendo 21c — hier: gewaltig
tribolo (il), poet. 19c — Leid, Kummer
trionfo (il) 18b — Triumph
trovata (la) 16c — Einfall
tubetto (il) 18b — kleine Tube
tuffo (il) 15b — Sprung (*ins Wasser*)
tumulo (il) 22a — Hügelgrab, Grabhügel
tutto d'un fiato 21b — in einem Zug
TV di stato (la) 13c — staatliches Fernsehen

U

ubbidiente 16b — gehorsam
ubriacarsi 17b — sich betrinken
ubriaco 14b — betrunken
uccellino (l') 17b — Vögelchen
uccello acquatico (l') 17c — Wasservogel
uccello (l') 17c — Vogel
uccidere 17a — töten
uffa! 21a — uff!
umido 23c — feucht
umoristico 23a — humorvoll
unanimamente 19c — einstimmig
unico 20c — einzigartig
unire 22c — verbinden
unisex 23b — unisex
unità di azione (l') 19c — Einhelligkeit des Handelns
unitariamente 19c — einheitlich, einstimmig
universale 24c — universell
urlare 23b — schreien
uscita (l') 23b — Ausfahrt
utilità (l') 17c — Nutzen
utilizzare 16c — gebrauchen
uva (l') 20c — Weintraube

V

valere la pena 14b — sich lohnen
valle (la) 17c — Tal
valorizzare 22b — werten
valutare 22b — schätzen
varietà (la) 13c — Vielfalt
vasetto (il) 18b — Gläschen, kleine Dose
vastità (la) 22c — Größe, Ausdehnung
vasto 14c — breit, weitläufig
vate (il), poet. 24c — Prophet
veloce 15a — schnell
velocità di crociera (la) 23c — Fluggeschwindigkeit
vendemmia (la) 20c — Weinlese
Veneto (il) 15c — Venetien
venire con l'autostop 21b — per Anhalter kommen
ventennio (il) 21c — Zeitraum von zwanzig Jahren
verbo modale 24b — Modalverb
verbo servile (il) 24b — Hilfsverb
Vergine (la) 18c — Jungfrau
vergogna (la) 17b — Schande
verso 15a — in Richtung

Vespa (la) 19c	Vespa
vestito a festa 15c	feierlich geschmückt
veterinario (il) 17b	Tierarzt
vetrina (la) 16a	Schaufenster
vetro (il) 16c	Glas
vetta (la) 17c	Gipfel
via d'uscita (la) 24b	Ausweg
viaggiatore (il) 22b	Reisender
vibrazione (la) 20c	Erschütterung
vicenda (la) 15c	Ereignis
vicenda (la) 21b	Begebenheit, Geschichte
vicino a 15b	in der Nähe von, nah an
vigile (il) 22b	Verkehrspolizist
vigneto (il) 20c	Weinberg, Weinanbau
vigore (il) 18c	Kraft
villa (la) 13a	Villa
villaggio (il) 24a	Dorf
vincere un terno al lotto 21b	das große Los gewinnen
vincitore (il) 15c	Gewinner
vino da dessert (il) 20c	Dessertwein
vino di fattoria (il) 20c	Landwein
virtù (la) 24c	Tugend
visibile 22c	sichtbar
visitare 14b	untersuchen
vista (la) 14b	Sehkraft
vitale 21c	lebendig, lebensfähig
vite (la) 20c	Weinrebe
vitigno (il) 20c	Weinrebe, Weinstock
vittorioso 21c	siegreich
viva 20b	es lebe
vivacità (la) 21c	Lebendigkeit
vivente 15c	lebendig
vocazione (la) 18c	Berufung
voler bene 14b	lieb haben, lieben
volerne a qc. 14b	jdm. böse sein
volo (il) 22c	Flug
volontà (la) 17b	Wille
volpacchiotto (il) 17a	kleiner Fuchs, Fuchsjunge
volpe (la) 17b	Fuchs
voltare le spalle 23b	den Rücken kehren
voto (il) 14c	Stimme
vuol dire 21b	das heißt
vuotare 24a	leeren
vuoto (il) 14c	Leere

Z

zampa (la) 17a	Pfote
zeffiro 19c	Zephir, Westwind
zitto 15b	still
zona (la) 17c	Zone, Gebiet
zona costiera (la) 17c	Küstenzone
zoo (lo) 17a	Tiergarten

A. Chiuchiù
F. Minciarelli
M. Silvestrini

In italiano

Lösungen
Seconda parte

ESERCIZI DI REIMPIEGO E CONTROLLO

XXVIII. 1. prestata, **2.** gli, **3.** me li, **4.** gliel'ha, **5.** procurato, **6.** le, **7.** nostro padre, **8.** abilissima.
XXIX. 2. programmi, **4.** problemi, **6.** vecchi, **8.** mi ci.
XXX. 1. ne, **2.** ne, **3.** ci, **4.** c', **5.** ne, **6.** ci, **7.** ci, **8.** ne, **9.** ci, **10.** ne, **11.** ne, **12.** ci, **13.** ci, **14.** ne, **15.** ci, **16.** ne, **17.** ci, **18.** ne, **19.** ci, **20.** ce.
XXXI. 1. entra, posa, accomodati, aspetta. **2.** entri, posi, si accomodi, aspetti, **3.** non aspettarmi, fa', va', chiudi, non fare. **4.** porta, compra, invita le tue, non preoccuparti. **5.** non dimenticarti/non ti dimenticare, riportali, riportaceli. **6.** non si dimentichi, li riporti, ce li riporti. **7.** compera, prendi, passa, lascia.
XXXII. 1. prestateglieli, **2.** glieli presti, **3.** comprato, **4.** lo compri, **5.** non comprarlo/non lo comprare, **6.** ci vada, **7.** non ci rimanga, **8.** vacci, **9.** non rimanerci/non ci rimanere, **10.** telefonagli, **11.** telefonale, **12.** diglielo, **13.** glielo dica, **14.** ce li porti, **15.** portaceli.
XXXIII. 1. con cui/con la quale, **2.** ciò che/quello che, quanto, **3.** su cui/sul quale, **4.** chi/colui che, colui il quale, **5.** a cui/alla quale, **6.** ciò che/quello che, quanto, **7.** che, **8.** dove/in cui, nella quale, **9.** chi/colui che, quello che, la persona che, **10.** per cui/per i quali, **11.** a cui/al quale, **12.** a chi, **13.** che/il quale, **14.** a ciò che/a quello che, a quanto, **15.** in cui/nel quale, **16.** ciò che/quello che, quanto, **17.** che/le quali, **18.** chi, **19.** per cui/ per la quale, **20.** di ciò che/ di quello che, di quanto.
XXXIV. 1. sia uscito, **2.** sia, **3.** abbia studiato, **4.** sia piaciuto/piaccia, **5.** stia, **6.** venda, **7.** abbia venduto, **8.** sia, **9.** abbia letto, **10.** sia restato, **11.** sia restato, stia, **12.** venga/verrà, **13.** capisca, **14.** abbia ricevuto, **15.** scriva, **16.** sia andato/a, **17.** abbiate ascoltato, **18.** compriate, **19.** dorma, **20.** piova/pioverà.
XXXV. 1. l'abbia pagato, **2.** lo stimi, **3.** sia, **4.** ti faccia/farà, **5.** studi, **6.** averlo lasciato, **7.** parli, **8.** abbia capito, **9.** la comperi, **10.** chiami, **11.** lo riporti, **12.** di leggerlo/che lo leggerò, **13.** averLa annoiata, **14.** perda/perderà, abbia perso, **15.** resti, **16.** glielo spedisca, **17.** lo abbia ritrovato, **18.** abbia.
XXXVI. 1. lo legga, **2.** sia partito, **3.** di ritrovarla/che la ritroverò, **4.** abbia mangiato, **5.** le facciano/faranno, **6.** mi scriva. **7.** venga, **8.** mi aiuti, **9.** gli piaccia/piacerà, **10.** l'abbia venduto, ce l'abbia, **11.** sia cominciata, **12.** stia, **13.** giri, **14.** possa, **15.** me lo restituisca, **16.** ci offra, **17.** abbia capito, **18.** l'abbia riparata.
XXXVII. 1. benché, **2.** purché, **3.** senza che, **4.** benché, **5.** benché, **6.** prima che, **7.** affinché, **8.** senza che, **9.** purché, **10.** affinché, **11.** purché, **12.** benché, **13.** affinché, **14.** senza che, **15.** prima che, **16.** prima che, **17.** benché, **18.** senza che, **19.** prima che, **20.** affinché.
XXXVIII. 1. ci saresti ritornato, **2.** fossi andato, **3.** fosse arrivata, **4.** di trovare/che avrei trovato, **5.** fosse, studiasse, **6.** mi risponda, **7.** sia, **8.** di incontrarti/ che ti avrei incontrato, **9.** piova, **10.** abbiano capito, **11.** parlassi, **12.** scriva, **13.** faccia, sia cominciata/cominci, **14.** di lasciare, **15.** piovesse/avrebbe piovuto, **16.** che fossi, **17.** si ricordasse, **18.** sarebbe partito/partisse.
XXXIX. 1. riuscirai, **2.** avresti avuto, **3.** porterò, **4.** sentiresti, **5.** sentirai, **6.** mangia, **7.** mangiassi, **8.** avrò, **9.** avessi, **10.** avessi avuto, **11.** conoscessi, **12.** avessi conosciuto/conoscessi, **13.** avessi, **14.** avrei impiegato, **15.** farò, **16.** farei, **17.** avrei fatto, **18.** andrò, **19.** andrei, **20.** sarebbe andata, **21.** arrabbi, **22.** arrabbieresti, **23.** saresti arrabbiato/a, **24.** avessi bevuto.
XL. 1. più-della, **2.** più-dell', **3.** più della, **4.** più-di, **5.** meno di, **6.** più-che, **7.** più-che, **8.** meno-della, più-di, **9.** più di, **10.** tanto-quanto (così-come), **11.** tanto quanto (così come), **12.** più che, **13.** più che, **14.** più-che, più-di, **15.** più-d'(dell'), **16.** più-d' (dell'), **17.** più-d' (dell'), **18.** più-del, **19.** più-che, **20.** tanti quante, **21.** tanto-quanto (così-come), **22.** tanto-quanto (così-come), **23.** più di, più-che, tanto-quanto (così-come), **24.** meno-che, più-che, **25.** più che, più-che.
XLI. ricorderai, cercai, ebbi scambiato, spiegai, capì, invitò, rimasi, me ne andai, ebbi trovato.
XLII. arrivarono, iniziammo, notai, diventò, venne, obbligò, fu, ebbe, indusse, costrinse, dissi, agitò, trascinò.
XLIII. 1. Finalmente il ladro è stato preso dalla polizia. **2.** Il tuo discorso è stato ascoltato da noi tutti con interesse. **3.** Queste frasi non devono essere scritte da te. **4.** Uno sciopero è stato fatto dagli operai di quella fabbrica. **5.** Da chi ti è stato regalato questo disco? **6.** Ragazze, da chi siete state viste? **7.** La fabbrica è stata chiusa. **8.** La signorina vuole che le sia mandato a casa. **9.** I compiti saranno restituiti dal professore domani. **10.** Lui vuole che il documento gli sia riportato da voi. **11.** Loro pretendono che questo lavoro sia fatto da lui. **12.** Sono state dette da te quelle parole? **13.** Volevamo che la domanda ci fosse ripetuta dalla signorina. **14.** Non voglio che tu pensi che sia stato fatto da me. **15.** Bisognava che gli/le fosse comunicato da loro. **16.** Mi era stata presentata da Mario. **17.** Pensavo che mi fosse stata scritta da te questa cartolina. **18.** Era presa in giro dai compagni. **19.** Il museo è stato riaperto. **20.** Ci penseremo quando la legge sarà stata modificata.

XLIV. **1.** Gli domandai se aveva fatto il compito. **2.** Il maestro mi disse di prendere i miei libri e i miei quaderni e di andare a sedermi laggiù! Così mi sarei trovato solo ed isolato da tutti!... e così avrei pagato il bruttissimo vizio di molestare i compagni che avevano la disgrazia di starmi vicini. **3.** Evangelina... poco dopo tornò à dirmi che era un problema difficilissimo; che Augusto non poteva risolverlo; piangeva... **4.** Evangelina mi venne a dire che Augusto non sapeva fare il compito, che era tutta la mattina che lo vedeva ricurvo a tavolino, le faceva proprio pena, e che avrei dovuto aiutarlo. **5.** Esclamai che se i problemi glieli davano, era segno che doveva saperli risolvere... e se non sapeva, era meglio che il maestro gli rifacesse la spiegazione; e poi che ero tanto occupato! **6.** E io soggiunsi che non avevo tempo e che poi toccava a lui fare il compito. Però aveva lavorato troppo; che si riposasse: che andasse in giardino e corresse; poi tornasse su e gli sarebbe stato più facile. **7.** Gli dissi di mangiare, e che se non mangiava si sarebbe sentito male. **8.** Le domandai se l'aveva fatta lei quella tovaglia. **9.** Lei rispose di sì, che l'aveva fatta lei un anno prima, quando stava per sposarsi. **10.** Mi disse di andarmene, che non voleva vedermi più. **11.** Lui mi scrisse che i suoi studi andavano bene. I professori lo stimavano. **12.** Lui mi scrisse che l'indomani (il giorno dopo) si sarebbe presentato all'ultimo esame. Sperava che anche quello gli desse/avrebbe dato la soddisfazione degli altri.

XLV. **1.** presi, sistemati. **2.** amato, stimato, **3.** svegliatasi. **4.** accortami, **5.** piegato. **6.** fermato. **7.** presolo. **8.** domandatole. **9.** rilettala. **10.** abbandonato. **11.** finiti. **12.** bevuto. **13.** visitata. **14.** colpito. **15.** intimidito. **16.** finita. **17.** terminato. **18.** ritornato. **19.** levatosi. **20.** aperto.

XLVI. **1.** di iscrivermi. **2.** giocare. **3.** raccontare. **4.** per aver bevuto. **5.** per aver fatto. **6.** uscire. **7.** passeggiando. **8.** dopo aver preso. **9.** Continuando. **10.** Non avendo trovato. **11.** Dopo aver salutato (Salutati). **12.** Avendo perduto (Perduto). **13.** uscire, correre. **14.** vedendolo. **15.** Facendo. **16.** Entrando. **17.** Avendogli dato (Dategli).

XLVII. **1.** lo studio. **2.** l'insegnamento - apprendimento. **3.** il viaggio. **4.** Il fumo. **5.** la letttura. **6.** la conversazione. **7.** il gioco delle. **8.** nella preparazione di. **9.** è stata una continua sofferenza. **10.** al lavoro. **11.** le parole - i fatti. **12.** la partenza - una morte. **13.** la discesa e la salita delle. **14.** la volontà - potere. **15.** il lavoro. **16.** la lettura - apprendimento. **17.** I viaggi vogliono. **18.** Il gioco - la perdita di.

TEST DI CONTROLLO PERIODICO

3. (fino alla 17ª unità)

A. Volgere al plurale

1. Questi sono (dei) problemi che non possiamo risolvere subito. 2. Sono (degli) artisti molto famosi che sono innamorati di queste città. 3. E' inutile che vi affrettiate, le banche sono chiuse il sabato. 4. Veniamo spesso a passeggiare sotti i portici di questi palazzi. 5. Per noi abbiamo ordinato (dei) succhi di frutta, e per voi (dei) tè al limone. 6. Se continuate ad essere imprudenti, avrete certamente (degli) incidenti. 7. Questi sono (dei) luoghi meravigliosi per le nostre vacanze. 8. Che cosa vi è successo? Avete le guance rosse. 9. In queste vie ci sono (dei) macellai. 10. Queste bistecche sono dure come (dei) sassi. 11. Questa mattina abbiamo preso un solo caffè. 12. I bar chiudono alle otto. 13. I pendii di queste colline sono coperti da (dei) boschi incantevoli. 14. Abbiamo preso (delle) barche a motore e abbiamo fatto il giro del lago. 15. Le amiche dei tuoi (vostri) fratelli hanno comprato (delle) giacche all'ultima moda.

B. Volgere in una situazione passata

1. Ogni volta che ricevevo i soldi li spendevo tutti in pochi giorni. 2. Ho finito di leggere questa pagina e poi ho spento la luce. 3. Di solito, studiavo tre ore al giorno. 4. Grazia è uscita, non ne poteva più, aveva voglia di fare quattro passi. 5. I ragazzi sono andati subito a casa, perché non volevano perdere la partita di calcio. 6. Ho acceso il televisore e la partita era già cominciata. 7. Quando il professore è entrato in aula, tutti lo hanno salutato. 8. Non ho bevuto più, mi girava la testa. 9. Non ho comprato il giornale, l'aveva già comprato mio fratello. 10. Aldo si è alzato, si è vestito in fretta e ha accompagnato la signorina. 11. Ho finito di fumare la sigaretta, poi sono entrato/a nell'aula. 12. Ogni volta che dovevo svegliarmi presto, la signora mi prestava la sua sveglia. 13. Se non potevi farmi questo piacere, non dovevi preoccuparti. 14. Non ho potuto (potevo) prestarti la mia moto, l'avevo portata dal meccanico, non funzionava bene.

C. Dalla forma del "Lei" alla forma del "tu"

1. Maria, passami quel libro, per favore. 2. Accompagna il tuo amico in segreteria. 3. Entra in quel negozio e domanda il prezzo di quella borsa. 4. Non stare sempre zitto! Parla! Di' qualcosa!

5. Va' a vedere quel film, ti divertirai. 6. Ho dimenticato il mio ombrello, prestami il tuo, per piacere; te lo riporterò fra poco. 7. C'è una signorina che ti aspetta, non farla (la fare) aspettare. 8. Se vuoi dirmelo, dimmelo subito! 9. Ti ho fatto un regalo, apri il pacchetto, guardalo. 10. Va' in segreteria, vacci subito!

D. Rispondere alle domande con i pronomi e l'avverbio "ci"

1. Sì, l'ho visto. 2. Sì, ci siamo andate. 3. No, non li ho comprati. 4. Sì, l'ho ascoltata. 5. Sì, glieli ho comprati. 6. Le ho detto di aspettarci. 7. Gli ho scritto una lettera. 8. No, non te le ho comprate. 9. No, non posso dirtelo (non te lo posso dire). 10. Ne ho scritte molte.

E. Completare

1. Penso che domani faccia (farà bel tempo). 2. Temo che tu stia poco bene. 3. Desidero che vengano tutti i nostri amici. 4. Ho paura che luigi non abbia ancora ricevuto la mia lettera. 5. Può darsi che lui non abbia capito bene l'indirizzo. 6. Fumo, benché mi faccia male. 7. Verrò a cena da te purché non ci sia Lucia. 8. E' un peccato che tu non abbia visto quel film, era splendido. 9. Voglio organizzare una festa. 10. Voglio che ci siano tutti i nostri amici.

4. (fino alla 24ª unità)

A. Volgere al plurale

Vorremmo fermarci con voi un quarto d'ora per raccontarvi quello che ci è successo l'altro giorno, ma non possiamo, perché è tardi e abbiamo molta fretta. Se verrete, però, dopo cena a casa nostra, vi faremo un racconto particolareggiato delle brutte avventure che abbiamo vissuto. Se venite, portate con voi anche quelle vostre amiche che ci avete presentato davati al negozio del tabaccaio.

B. Volgere al passato

Ieri, sull'autostrada una Fiat 126 è uscita dalla corsia senza mettere la freccia proprio mentre stavo sorpassando. Per evitarla sono andato contro il guard-rail. Il guidatore è uscito pallido dalla sua utilitaria e è venuto a vedere che cosa mi era successo. Non mi era successo nulla. Allora l'uomo si è messo a piangere e mi ha detto che gli avevo salvato la vita, poi mi ha domandato che cosa poteva fare per me. Gli ho detto che poteva fare due cose soltanto: darmi il nome dell'assicurazione e poi andare a telefonare al carro-attrezzi.

C. Rispondere con i pronomi e l'avverbio "ci"

1. L'ho messa... . 2. Sì, te l'ha preparato (gliel'ho preparato). 3. Sì, ce l'ho messa. 4. Sì, posso dirglielo (glielo posso dire). 5. Certamente, mi dispiace.

D. Dalla forma del "Lei" alla forma del "tu"

Se domani devi partire presto, non ti preoccupare (preoccuparti) ti darò la mia radio-sveglia. Dimmi solamente a che ora vuoi svegliarti 8ti vuoi svegliare) e te la sistemerò all'ora che desideri. Ora va' pure a dormire e fa' un bel sonno. Non prendere sonniferi, bevi invece questa tazza di camomilla che ti ho preparato.

E. Volgere nella forma passiva

Ieri uno stabilimento per la produzione dell'olio è stato danneggiato gravemente da un indendio. Un fumo intenso che usciva dalla fabbrica è stato visto da alcuni abitanti della zona ed è stato dato subito l'allarme. Quando i vigili sono arrivati, una buona parte dell'edificio era già stato distrutto dalle fiamme.

F. Completare

Benché ti abbia spedito due lettere. Vorrei tanto che tu venissi. E' molto difficile che tu possa farlo. Se mi si presentasse l'occasione...

TEST DI VERIFICA E VALUTAZIONE GLOBALE

Test n. 1

A. Volgere al plurale

1. Gli esami non sono stati difficili. 2. Abbiamo ascoltato per radio (dei) programmi interessanti. 3. Gli abbiamo detto (abbiamo detto loro) che non possiamo assolutamente andare a trovarli. 4. Sono (dei) musicisti molto famosi nel loro Paese. 5. Erano (delle) ipotesi che non avevamo preso in considerazione.

B. Volgere al passato

1. Volevo che luo finisse quel lavoro. 2. Ho preso il tuo vocabolario, perché il mio non sono riuscito/a a trovarlo. 3. Qualche volta andavo (sono andato/a) a fare una visita a quella vecchia signora che era (è) rimasta sola; le portavo (ho portato) dei biscotti e facevamo (abbiamo fatto) quattro chiacchiere. 4. Se tu avessi preso questa medicina, ti sentiresti (ti saresti sentito) meglio. 5. Mio fratello non era in casa, era uscito qualche minuto prima.

C. Rispondere con i pronomi

1. Sì, le abbaimo comprate. 2. No, non li ho visti. 3. L'ho messo ... . 4. Glieli ho restituiti ... (non glieli ho ancora restituiti). 5. Sì, posso aspettarti (ti posso aspettare).

D. Dalla forma del "Lei" alla forma del "tu"

Siediti, apri la bocca, ecco, aprila bene, dimmi dove senti dolore. E' questo il dente che ti fa male? Bene. Adesso, sta' fermo, non muoverti (ti muovere) e vedrai che non sentirai niente.

E. Completare

Mia figlia partirà per l'Inghilterra il mese prossimo. Spero che impari (imparerà) bene l'inglese. Vorrei che incontrasse persone gentili. Se suo fratello fosse più grande, andrebbe con lei.

Test. n. 2

A. Volgere al plurale

1. I malati hanno avuto (delle) gravi crisi nervose. 2. La polizia continua le ricerche dei terroristi. 3. Nelle nostre conversazioni abbiamo toccato (dei) temi interessanti. 4. Prima di rispondere vogliamo analizzare bene questi problemi. 5. Sono (dei) sindacalisti che lavorano molto per difendere gli interessi della loro categoria (delle loro categorie).

B. Volgere al passato

1. Perché l'hai comprata se non ti serviva? 2. Tutti i giorni passavo davanti a quell'edicola, mi fermavo e compravo il giornale. 3. Prima ho fatto le valigie e ho chiamato un tassì. 4. Volevo (ho voluto) rivedere la città dove avevo fatto gli studi universitari. 5. La signora Giuditta gli dava sempre un libro dove c'erano stupende immagini di animali.

C. Rispondere con i pronomi e l'avverbio "ci"

1. Sì, l'ho comprata. 2. Sì, ci siamo andati. 3. Sì, gliel'ho detto. 4. Sì, posso aiutarti (ti posso aiutare). 5. Voglio dirle (le voglio dire) ... .

D. Dalla forma del "Lei" alla forma del "tu"

Scusami, Giovanni, se insisto, ma non mettere le mani su quel motore; dammi ascolto, segui il mio consiglio: porta la tua macchina da un buon meccanico, portacela oggi stesso, ti troverai contento.

E. Leggere la situazione presentata, poi completare

Paolo teme che Maria abbia perso (perduto) il treno. Paolo spera che Maria arrivi (arriverà) con il treno seguente. Paolo pensa che se Maria non fosse partita, avrebbe mandato un telegramma.

Test n. 3

A. Volgere al plurale

Se qualche volta arriviamo in ritardo, ci deve scusare. Siamo venuti in questa città per studiare la lingua, è vero, ma anche per vacanze, siamo studenti e turisti. La sera, spesso, incontriamo (degli) amici o (delle) amiche e decidiamo di fermarci con loro. Andiamo al cinema, al concerto o saliamo nel loro appartamento per ascoltare qualche disco. Così facciamo sempre tardi e la mattina è un problema alzarci in orario.

B. Dalla forma del "Lei" alla forma del "tu"

Tu hai ragione quando mi dici: alzati prima la mattina! Cerca di arrivare in tempo! Organizza un po' meglio i tuoi orari! Ma ti prego, non arrabbiarti (non ti arrabbiare) con me! Fammi qualche domanda o parlane con l'insegnante di conversazione e vedrai che con la lingua ho fatto grandi progressi.

C. Completare le frasi

Ora Lei pensa che io in passato non abbia studiato abbastanza e vorrebbe che frequentassi più assiduamente le lezioni. E' probabile che Lei abbia ragione. Ma, se in questi tre mesi passati a Firenze non avessi approfittato per visitare l'Italia Centrale, avrei perso (perduto) una grande occasione.

D. Completare con i verbi e i pronomi

- No, grazie, non voglio comprarlo (non lo voglio comprare). - Ma perché, non Le piace? - Sì, mi piace, ma non so a chi regalarlo. - Ma non ha un figlio, un nipote, un amico? - Sì, ne ho molti, - E allora, perché non compra per loro qualche cosa? - Non gli compro niente, perché non ho più soldi. Li ho spesi tutti per viaggi e spettacoli.

Test n. 4

B. Rispondere con i pronomi

Maria: Sì, le ho chiuse bene. Sì, l'ho spento. Sì, le ho prese. Sì, gliel'ho detto.

B. Completare

Sergio: Mi dispiace che Karin sia già partita. Bruno: E' vero. Pensavo che rimanesse (sarebbe rimasta) ancora e volesse (avrebbe voluto) terminare il corso. Sergio: Era una ragazza simpatica e gentile: parlava bene l'italiano sebbene fosse qui da poco tempo. Bruno: Vorrei che il prossimo anno tornasse di nuovo in Italia. Sergio: Se lei tornasse, noi potremmo stare ancora insieme.

C. Dalla forma del "Lei" alla forma del "tu"

Ingegnere: - Non avere paura; ricordati bene di ogni manovra. Fa' attenzione ai segnali stradali e non andare troppo veloce.
Candidato: - Bene, dimmi quando devo partire.
Ingegnere: - Gira la chiave, metti in moto e preparati a partire.

D. Volgere nella forma passiva

Quel famoso direttore d'orchestra è stato ricevuto all'aeroporto da molti giornalisti ed è stato intervistato a lungo. Questa sera l'intervista sarà trasmessa dalla televisione alle 22.30.

E. Completare con le preposizioni

In questa città, se qualcuno lascia la macchina in divieto di sosta, anche soltanto per un'ora, può essere sicuro di trovare la multa, quando ritorna. Se il vigile ha cominciato a scrivere la contravvenzione, nulla riesce a fargli cambiare idea.

Test n. 5

B. Volgere al passato

Era freddo e nuvoloso. Sono entrato un una latteria; un ragazzo ha scaldato subito il latte per me. Alla cassa era la padrona che leggeva un vecchio giornale che qualcuno aveva lasciato lì. Si stava in silenzio, anche se il ragazzo andava e veniva dentro il locale. Poi è entrato un signore che non sapevo chi fosse.

C. Completare con le preposizioni

Pietro: Non lo metto da molto tempo. Sei mia moglie da una settimana. In questa settimana e per (in) tutto il mese passato, non ho mai messo il cappello.
Giuliana: Forse l'avrai a casa di tua madre.
Pietro: Forse. Tu per caso non l'hai visto il mio cappello?
Giuliana: No: però tutta la roba l'ho fatta mettere nell'armadio.
Pietro: Da quanti giorni abbiamo Vittoria, la nuova cameriera?
Pietro: E tu subito le hai fatto mettere nell'armadio la nostra roba invernale?
Pietro: Hai fatto mettere nell'armadio tutta la mia roba invernale?
Pietro: Vittoria! Guardi se riesce a trovare un cappello! La signora dice che l'ha messo nell'armadio.

D. Completare

1. Penso che ci riuscirà. 2. Credo che ce l'abbia messo. 3. Se Giuliana fosse sposata con Pietro da molto tempo, si ricorderebbe del cappello marrone. 4. E' possibile che sia così difficile trovarlo? 5. Giuliana vorrebbe che fosse più ordinato.

E. Mettere all'imperativo i verbi in corsivo

1. Prendimi il cappello marrone. 2. Cercamelo. 3. Fammi il favore di vedere se il cappello è nell'armadio. 4. Mi dia una scala, per guardare nell'armadio.

Test n. 6

B. Volgere al plurale il brano precedente

Ieri mattina non siamo andati a lezione, perché eravamo molto stanchi; la sera precedente eravamo stati, infatti, a ballare in discoteca e avevamo fatto le ore piccole. Così siamo rimasti a casa e abbiamo dormito fino alle undici; poi ci siamo alzati, abbiamo studiato un po', abbiamo mangiato della frutta. Verso mezzogiorno abbiamo sentito suonare alla porta; era il postino che ci ha dato un telegramma: il telegramma diceva che i nostri genitori verranno a trovarci il mese prossimo e resteranno con noi una settimana.

B. Completare con le preposizioni il brano seguente

Sono in questa città da circa tre mesi, ma non mi sono abituato a questa vita: perché la città è troppo piccola per me, perché non mi piace la cucina della mensa, perché non ho molte possibilità di parlare italiano, perché le lettere di mio padre o della mia fidanzata arrivano sempre con molto ritardo e, infine, perché sono stanco di stare solo.

D. Completare con i pronomi

Ho scritto a mia madre e le ho detto di mandarmi un po' di soldi e di mandarmeli presto, perché quelli che avevo portato cone me li ho quasi finiti.

E. Completare con i verbi al modo e al tempo giusti

E' un peccato che Giovanna non possa venire con me. Spero che faccia bel tempo e che non ci sia troppo traffico in autostrada. Mi piacerebbe andare a trovare mio fratello e vorrei che lui avesse un po' di tempo per stare con me.

F. Dalla forma del "Lei" alla forma del "tu"

Entra, accomodati! Allora, dimmi che cosa desideri... Ah, tu desideri che io acquisti una enciclopedia? Senti, per il momento non ne ho bisogno. Ritorna un'altra volta e portami anche il catalogo della Casa Editrice.

Test n. 7

A. Mettere al plurale il brano seguente

Ci sono (degli) studenti davanti a casa nostra, dovrebbero essere (degli) artisti (dei) cantanti. Ogni mattina, alle sette precise, insieme alla sveglia sentiamo anche (delle) canzoni. Ci alziamo, apriamo un poco le persiane, e li vediamo: sono gli studenti della casa di fronte; precisi e puntuali come (degli) orologi, alla solita ora iniziano a cantare. Hanno (delle) belle voci e cantano mentre fanno il caffè, mentre si pettinano, mentre si vestono. Non sono sempre le stesse canzoni, le melodie sono diverse ogni giorno: talvolta sono tristi e romantiche, altre volte sono allegre e gioiose. Cantano di solito nella loro lingua, ma ultimamente hanno provato a cantare in italiano. Vorremmo conoscerli, dovrebbero essere (delle) persone interessanti.

C. Mettere al passato

Avevo bisogno di un cappotto di loden e sono andato in un capannone "a buon mercato"; non ho detto niente a mia moglie, perché ogni tanto volevo dimostrare che anch'io sapevo fare un affare. Sono entrato in un grande stanzone dove c'erano molti singori che si provavano e si toglievano le giacche. Il proprietario mi è venuto incontro, gli ho detto che mi mandava un amico comune, e lui mi ha accompagnato verso i loden. Ho cercato con calma, quando mi sono ritenuto soddisfatto ho raggiunto il padrone che stava parlando con altra gente. Ho detto: "Prendo questo. Quanto Le devo?" Il proprietario mi ha fatto un gran sorriso, mi ha preso per un braccio e, allontanandosi dal gruppo, mi ha sussurrato in gran segreto: "Quattrocentomila".

D. Volgere nella forma passiva

Forse le carrozze ferroviarie della stazione di Milano sono state incendiate da un gruppo di barboni. Nelle notti di venerdì e sabato otto vagoni ferroviari sarebbero stati danneggiati e parzialmente distrutti. Numerose persone sono state fermate da polizia e carabinieri e due sono state arrestate; sui luoghi degli incendi alcuni mucchietti di carta sono stati trovati dalla polizia scientifica.

Finito di stampare
nel mese di marzo 1991
da Guerra guru - Perugia